Unter der Lupe:

Neoliberales Zeitgeschehen

Kritische Kommentare zu ausgewählten Vorgängen und Entwicklungen

Heinz Gliemann

Inhaltsverzeichnis:

Bibliografische Information der Deutschen Nationalbibliothek:
Die Deutsche Nationalbibliothek verzeichnet diese Publikation in der
Deutschen Nationalbibliografie; detaillierte bibliografische Daten
sind im Internet über <http://dnb.d-nb.de> abrufbar.

Umschlaggestaltung, Herstellung und Verlag:
Books on Demand GmbH, Norderstedt
ISBN 978-3-8334-8784-2

Vorwort

Die Texte dieser Publikation sind im Zeitraum 2003 bis 2007 entstanden. Ihre Thematik ergab sich aus einzelnen, besonderen Sachverhalten von Politik und Wirtschaft, die eng mit der Globalisierung verknüpft sind. Darstellungen dazu, wie sie vom Mainstream der neoliberal dominierten Medien gebracht wurden, forderten zum Widerspruch heraus. Vornehmlich handelt es sich dabei um neoliberal geprägte Aktivitäten, wie G8, EU-Konstitution, Privatisierung, GATS und weitere, im Inhaltsverzeichnis ausgewiesene Themen.

Ein Anliegen dieses Buches ist es, den allgemein politisch interessierten Bürgerinnen und Bürgern eine Orientierung zu geben, ihnen die tatsächlichen Ursachen und Hintergründe für die Tatbestände deutlich zu machen. Daher ergibt sich auch das Bemühen, diese Themen analytisch, kritisch, logisch, konkret und mit Alternativen versehen, darzustellen. Keine Behauptungen, sondern begründete Aussagen sind die Regel. Verfolgt wurde das Ziel, das Wesentliche, den Kern einer Problematik herauszuarbeiten, Unterlassungen und Lücken in anderen Veröffentlichungen zu beheben und abwegige Beschreibungen gerade zu rücken. Zugleich sollte auch ein hohes Maß an Allgemeinverständlichkeit erreicht werden. Das Buch erhebt nicht den Anspruch eine Publikation für Fachleute zu sein. Die Themen sind auch anderweitig noch in der Diskussion und sind noch nicht Geschichte. So harren, die in den Beiträgen enthaltenen Alternativen, Schlussfolgerungen und Anregungen zu aktiven Schritten noch der Realisierung. Die Zivilgesellschaft ist gefordert, ihre Kräfte zu bündeln, um mittels Aktionsbündnissen und auf anderen Wegen die Entwicklung voranzutreiben. Schließlich kann das Buch auch ein Beitrag zu weiteren Diskussionen der Probleme sein; Anregungen dazu, finden sich allemal.

G 8 – zur Diskussion

G 8 zur Diskussion

Proteste sind legal, Farbschmierereien sind keine Argumente; sie erweisen der Sachdiskussion einen Bärendienst. Diskussion verhilft zur Erkenntnis und ermöglicht eine Beurteilung des Problems; also zur Diskussion:

G 8 – der Gipfel der Mächtigen und Reichen – tagt 2007 in Heiligendamm. Vordergründig erregt dieses Treffen die Gemüter der Bürger/Bürgerinnen von Mecklenburg – Vorpommern, weil sie absehbar die ersten Leidtragenden sind, die für den Löwenanteil der Kosten dieses Spektakels in ihrer Eigenschaft als Steuerzahler aufkommen müssen. Nicht ganz 100 Mill. Euro – kein Pappenstiel ! Das löst Unbehagen aus und lässt Proteste aufkommen. Diese richten sich aber nicht nur gegen diese finanzielle Zumutung, sondern vor allem gegen die Institution selbst und deren Aktivitäten.

Heutzutage wird bei jedem Sachverhalt/Geschäft/Aktion die Frage gestellt: Rechnet sich das? Das heißt in unserem Fall, welchen Nutzen und in welcher Größenordnung bringt dieser Gipfel für die Menschheit: denn das was hier verhandelt wird, soll ja global wirksam werden, dem Wohlergehen aller Menschen zugute kommen.

Manche sprechen deshalb auch von den G8-Staaten als einer Art Weltregierung. G8 – selbst ernannt kraft finanziellen-wirtschaftlicher, militärischer oder über Ressourcen verfügende Potenz, für den Anspruch einer weltweiten politisch – wirtschaftlicher Orientierung unvollständig in   ihrer Zusammensetzung – inspiriert den IWF (Internationaler Währungsfonds) und die WTO (= WHO – Welthandels- Organisation) und beeinflusst so weltweit das politisch wirtschaftliche Geschehen. In IWF und WTO haben die G8-Staaten die Stimmenmehrheit. Es gilt also zu untersuchen, welche Inhalte standen und stehen auf den Tagesordnungen der Gipfel, welche Probleme werden angepackt.

Heute soll zunächst die Frage nach der Legitimation dieses Gipfels beleuchtet werden. Entspricht das Wirken der G 8 den anerkannten demokratischen Gepflogenheiten? 1975 als G 5 gegründet gehören heute dazu: USA, Deutschland, Frankreich, Großbritannien, Italien, Kanada, Japan und Russland. Als Hauptanliegen der G 8 – Staaten wird das Wohlergehen der Weltwirtschaft deklariert. Zusammensetzung des Gremiums und Ziel bzw. Aufgabenstellung lassen ein erstes demokratisches Defizit erkennen. Wenn es um die Weltwirtschaft geht, ist die Zusammensetzung sehr einseitig konstituiert. Wie sind Afrika, Südamerika und andere

Regionen vertreten? Und warum nicht? Gerade diese Länder sind es, die von den Folgewirkungen der G 8 –Staaten-Beschlüsse stärker betroffen sind, als diese selbst. Dieser Sachverhalt hat den Charakter einer Anmaßung bzw. Bevormundung gegenüber der Mehrheit der Staaten dieser Welt. Ein weiteres demokratisches Defizit: Über die G 8 – Treffen gibt es zwar jeweils ein Kommunique, aber ansonsten ist es um die Transparenz schlecht bestellt Die Öffentlichkeit ist weitgehend ausgeschlossen. Die Orte der Gipfeltreffen werden regelrecht abgeschottet und in entlegenen Gegenden veranstaltet. Die Maßnahmen zur Gewährleistung der Sicherheit der Beteiligten sind „Spitzenleistungen" der Weltgeschichte auf diesem Gebiet. Ein weiteres demokratisches Defizit ist darin zu sehen, dass eine wünschenswerte Legitimation der G 8 durch die internationale Staatengemeinschaft, insbesondere der UNO, nicht zu erkennen ist.

Diese Fakten lassen darauf schließen, dass G 8 keine reguläre internationale Organisation ist, eher dem Charakter eines Bündnisses, eines Vereins oder Clubs ähnelt. Ob in dieser geschlossenen Gesellschaft intern nach dem normalen demokratischen Reglement verfahren wird ist mangels Transparenz nicht erkennbar.

Diese der Institution G 8 anhaftenden Mängel lassen Zweifel aufkommen, ob dieses Gremium überhaupt notwendig ist, zumal wir ja die UNO als Weltorganisation haben.

Die Frage nach den Inhalten, Erfolgen oder Misserfolgen der Politik der G 8-Staaten ist zugleich die Frage nach der Notwendigkeit dieser Institution. Die Leitlinie für die Weltwirtschaftspolitik, wie sie von der G8-Gruppe vertreten wird, zeichnet sich dadurch aus, dass die Liberalisierung und Selbstregulierung des Marktes eine dominierende Rolle spielt. Der freie Handel von Waren, Dienstleistungen und Kapital wird befürwortet. Diese neoliberalen Positionen werden auch von IWF und WTO vertreten. Diese Politik dient den G 8-Staaten zur Sicherung ihrer Vormachtstellung - insbesondere der wirtschaftlichen - in der Welt. Es handelt sich hier um eine Art „Wertegemeinschaft" mit solchen Werten wie: Wachstum, Profit, shareholder value, Konkurrenzverhalten, soziale Abstinenz usw. Konkrete Beispiele verdeutlichen die Probleme.

Ein Haupthindernis für eine nachholende erfolgreiche Entwicklung der Wirtschaft der 3.Welt-Länder sind die Subventionen, speziell die Agrarsubventionen, mit denen in Industriestaaten (USA usw.) die Produktpreise so gehalten werden, dass die Konkurrenz durch die 3.Weltländer keine Chancen hat, dagegen aufzukommen. Vielmehr sind die Folgewirkungen für sie, zumal ihre Bevölkerung zu 70 % in der Landwirtschaft beschäftigt ist, katastrophal. Die Energiepolitik ist darauf gerichtet, die letzten Bestände an Öl usw. vornehmlich für die reichen Staaten zu sichern. Sogar militärische Aktionen werden dafür in Kauf genommen. Die Schuldenfalle der Entwicklungsländer ist nach wie vor ein starkes Hemmnis für deren wirtschaftliches Vorankommen. Die permanenten Zahlungen für Zinsen –ein gutes Geschäft für die Gläubiger je länger die Zeiträume für die Zinszahlungen sind- haben natürlich einen negativen Einfluss auf die Investitionsmöglichkeiten dieser Länder. Nur geringfügig und zögerlich haben die G 8-Staaten sich dieser Problematik angenommen. 2005 wurde der Schuldenberg der 3.Welt zu etwa 1,5 Bill.US-Dollar beziffert. (nach J.Stiglitz, früherer Chefökonom der Weltbank, in seinem Buch: „ Die Chancen der Globalisierung"; S.35) Schuldenerleichterungen wurden an sog. Strukturanpassungsmaßnahmen (Privatisierung usw.) geknüpft. Ein regelrechter Schuldenerlass wurde auf dem Gipfel 2005 in Schottland mit rd. 40 Mrd. US-Dollar auf den Weg gebracht. Ein Tropfen auf den heißen Stein.

Ein weiteres Hindernis besteht in der Festschreibung der geistigen Eigentumsrechte, die sicherstellen, dass die Profite der Konzerne nicht geschmälert werden. Nach dem TRIPS - Abkommen wird den Patenthaltern ein Nutzungsrecht für 20 Jahre zugestanden. Welche Auswirkungen das z.B. auf die gesundheitliche Versorgung in vielen Ländern hat, kann sich jeder leicht vorstellen.

Die für 2007 angekündigten Themen, sich mit den Problemen Afrikas und der Problematik der Kontrolle der hochspekulativen Hedge - Fonds zu befassen, treffen kaum die zur Zeit gravierenden wirtschaftlichen Probleme in der Welt. Es bleibt aber abzuwarten, ob sich positive Ereignisse für die Menschen ergeben. Die Agenda ist unvollkommen. Viele Fragen bleiben offen z.B. Rüstungsindustrie, Waffenexporte, Umweltfragen, Klimaabkommen, Atomwaffenabrüstung, die ganze Palette der sozialen Probleme usw..

Insgesamt ist festzustellen, dass das Wirken der G 8-Staaten-Institution nicht dazu beigetragen hat, die Schere zwischen Arm und Reich zu reduzieren. im Gegenteil: die Diskrepanz hat sich in den letzten Jahren weiter verstärkt.

Diese Bewertung der Ergebnisse des Wirkens der G 8 –Staaten fordert zum Protest heraus. Protest allein ist zu wenig. Alternativen sind gefragt. Vorstellungen dazu gibt es. Gegenveranstaltungen zu den G 8 Gipfeln haben unter der Losung „Eine andere Welt ist möglich" schon viele Ideen entwickelt, wie diese Welt aussehen kann und soll : Dominierende Zielstellungen sind : uneingeschränkte ökonomische Chancengleichheit aller Staaten, soziale Gerechtigkeit für alle Menschen dieser Erde, Priorität für Ökologie, Schutz und Nachhaltigkeit der Umwelt, Demokratisierung der Globalisierung, Abrüstung der Atomwaffen...

Diese Gedanken gilt es zum geistigen Eigentum der Menschen besonders zuerst aber derer zu machen, die sich zur Zivilgesellschaft rechnen. Diese Zivilgesellschaft selbst ist gefordert sich noch intensiver der Verbreitung dieses Gedankengutes anzunehmen, ökologische und soziale Bewegungen sollten sich noch enger zusammenschließen und ihre Anstrengungen intensivieren. Aktionseinheit ist gefragt. Die Weltsozialforen und analoge regionale Veranstaltungen haben diese Probleme aufgegriffen und erreichen eine zunehmende Breitenwirkung. Der Nobelpreisträger Joseph Stiglitz misst der Demokratisierung eine besondere Bedeutung zu. In einem Interview (Jan.07) verspricht er sich davon, dass „…wenn die Stimmen der Betroffenen besser gehört werden, dann werden die Spielregeln der Globalisierung auch umgeschrieben". Das betrifft u. a. die Frage der Zusammensetzung des G 8-Gremiums, dass, durch gleichwertig stimmberechtigte Vertreter der Staaten aller Weltregionen bestehen sollte. Analog sollte auch bei den IWF und WTO Vertretungen verfahren werden, d.h. dass die ungleiche Stimmenwertung nach der ökonomischen Potenz aufzugeben wäre. Zu den demokratischen Spielregeln sollte es auch gehören, dass die Mitgliedschaft der einzelnen Staaten durch Referenden der Bevölkerungen entschieden wird. In vielen Staaten werden derartige Probleme so geklärt. In Frankreich und den Niederlanden wurde dieser Entwurf der EU-Verfassung abgelehnt. In Deutschland konnte ein solches Referendum nicht stattfinden, da das im Grundgesetz nicht vorgesehen ist.

Ein weiterer Aspekt könnte für die Lösung des Problems von Belang sein: Krieg und Frieden, Wirtschaft, Kultur, Umwelt und Klima sind mehr oder weniger schon immer miteinander verflochten gewesen und sind es heute im Zeitalter der Globalisierung umso mehr. Diese Komplexität erfordert ein recht enges kommunikatives Zusammenspiel von Institutionen, damit die natürlichen Wechselbeziehungen zwischen den einzelnen Themenkreisen ausreichend zur Geltung gebracht werden können. Die Übernahme der Anliegen der G 8 durch die UNO würde dieser Problemsicht entsprechen. Mit der UNCTAD (United Nations Conference of Trade and Development) – Weltwirtschaftskonferenz- (1904 als Welthandelskonferenz gegründet) - ein Spezialorgan der UNO – existiert bereits eine Basis, die bei einer entsprechenden Intensivierung ihrer Aktivitäten die wesentlichen selbst gewählten Aufgaben der G 8 übernehmen könnte Parallelarbeit wäre ausgeschaltet und die Demokratisierung der Globalisierung hätten einen guten Schritt vorwärts gebracht Viel Utopie?..

Januar.2007

<u>Was bringt uns der G 8 – Gipfel</u>

…uns, den Bürgerinnen und Bürgern in Mecklenburg-Vorpommern und in ganz
Deutschland?

Die G 8-Staaten halten sich für prädestiniert, Initiativen zur Verbesserung der politischen und
wirtschaftlichen Verhältnisse in der Welt zu entwickeln. Was ist für 2007 angekündigt?
Aussagen dazu sind spärlich, Transparenz hat Seltenheitswert bei den G 8. Immerhin
verlautet:

- Hedge - Fonds, hochspekulative Finanztitel, sollen einer Kontrolle
  unterworfen werden, damit Crash-Situationen vermieden werden (von denen
  evtl. auch Pensionsfonds betroffen sein können).
- Afrika steht auf der Tagesordnung- ohne nähere Auskünfte. Sollte eine
  Vorleistung der USA die Richtung weisen? Zur Sicherung der Teilhabe an den
  Ressourcen Afrikas mittels Steuerung durch militärische Einsätze ist ein
  spezielles Einsatzführungskommando – AFRICOM –geplant, das in Stuttgart
  stationiert werden soll.

Sind diese vorgesehenen Beratungsvorhaben wirklich die Probleme, die die Menschen überall
bewegen? Wohl kaum!
Andere Geschehnisse bereiten der Weltbevölkerung viel mehr Sorgen. Derer sollten sich die
G 8 annehmen:

- Armut treibt unzählige Menschen in ein menschenunwürdiges Dasein.
  Grassierende Armut herrscht weltweit. In Deutschland sind ca. 10 Millionen
  Bürger davon bedroht (4 Mio. Arbeitslose und 6 Mio. sog. Working poor -
  arbeitende Arme).

Das wäre ein Thema für die G 8!

- Klimawandel ist ein brisantes Problem. Die von Menschen produzierten
  Treibhausgase führen zur Erderwärmung und verursachen

Unwetterkatastrophen, die Angst und Schrecken unter den Menschen verbreiten und unser aller Lebensbedingungen gefährden.

Das wäre ein Thema für die G 8!

- Arbeitslosigkeit und Existenzunsicherheit bereiten einer Vielzahl von Menschen ein Leben in Not. Allein in Mecklenburg-Vorpommern gibt es gegenwärtig fast 20 Tausend Arbeitslose über 55 Jahren, in der Welt gibt es Regionen mit 40%iger Arbeitslosigkeit.

Auch das wäre ein Thema für die G 8!

Das wären Arbeitsfelder, auf denen die G8-Staaten ihre Macht und ihren Reichtum nutzbringend für die Menschheit einsetzen könnten. Eine Agenda mit einer solchen Thematik wäre angebracht und notwendig.

Februar 2007

<u>G8 und die Schatten der Geschichte</u>

<u>Thema: Afrika</u>

Afrika stand auf der Agenda; die Armut galt es zu bekämpfen. – Wie kam es zu dieser trostlosen Situation?

Jahrhundertjähriger Kolonialismus zeigt noch seine Nachwirkungen: Monokulturen zur Bedienung der reichen Länder, keine Teilhabe an industrieller Entwicklung, insgesamt Ausbeutung und Unterdrückung. - Dann „ Unabhängigkeit" nach dem 2. Weltkrieg. Die Regie übernehmen Weltbank und IWF und komplizieren die Lage durch die Schuldenfalle. Die permanente Begleichung der Schulden wiederum behindert die eigenständige, wirtschaftlich industrielle Entwicklung der dritten Weltländer. „Anpassungsprogramme" als Auflagen zu Krediten steuern die wirtschaftliche Entwicklung im Sinne der ökonomischen Vorherrschaft der Geberländer. Agrarsubventionen der Industrieländer ermöglichen Dumping-Exportpreise und behindern damit entscheidend die Exportchancen für landwirtschaftliche Produkte aus den Entwicklungsländern. – All dies sind die tatsächlichen Ursachen, die die Armut erzeugen und die Entwicklungsländer als Konkurrenten auf dem Weltmarkt weitgehend ausschalten.

Was helfen dagegen Minikredite? Hilfreich, aber von der Dimension her unerheblich und von der Nachfrage her problematisch. Was bringt die Entwicklungshilfe? Erfahrungsgemäß werden die Gelder zu einem beachtlichen Teil aus Lieferungen und Leistungen der Geberländer bestritten. Sie helfen also deren Industrie und bringen für die Entwicklungsländer keine Arbeitsplätze. Auch die angekündigte Aufstockung der Hilfsgelder stabilisiert nur den derzeitigen Anteil von 0,36 % am Bruttonationaleinkommen. Die geforderten 0,7 % werden noch lange nicht erreicht. Was sollen die beabsichtigten Partnerschaften bewirken? Sollen so die Entwicklungsländer am Gängelband gehalten werden, damit sie brav die Ihnen zugebrachte Rolle als Rohstofflieferanten weiterspielen? Eine Weiterverarbeitung von Rohstoffen im Entwicklungsland wird durch hohe Zölle der Industrieländer behindert. Die Stimmen aus Afrika besagen, dass die Afrikaner nun endlich einmal für sich selber entscheiden und Ihre Entwicklungen nach ihren Vorstellungen gestalten wollen.

Fazit: Die Ergebnisse von Heiligendamm gehen den Kernproblemen aus dem Wege. Es sind Beruhigungspillen für die Wenigwissenden und Beschwichtigungsstrategie für die Betroffenen.

<u>**Thema: Klimawandel / Klimaschutz**</u>

Das Problem wird auf die lange Bank geschoben, nur die Natur gehorcht nicht dieser Taktik, sie ändert sich unaufhörlich und bringt Katastrophen näher und näher.

200 Jahre industrielle Entwicklung in den westlichen Ländern haben dafür gesorgt, dass der Kohlendioxidgehalt der Luft seit 1750 um 35 % zugenommen hat. Entsprechend ihrer unterschiedlichen, wirtschaftlich industriellen Entwicklung sind die einzelnen Staaten mit unterschiedlichen Anteilen an den CO_2 – Emissionen beteiligt. Eine Summierung derselben seit dem Jahr 1850 ergibt, dass Westeuropa daran für 27 %, die USA für 29 % und China für 8 % verantwortlich sind. Daran wird deutlich, wer beim Klimaschutz die größten Leistungen erbringen muss.

Die Zeit drängt; ein langes Palaver über Ziele und Vorgaben verbietet sich.

Nachlese zu G8: Gewalt um Heiligendamm und anderswo

Der G8 Gipfel ist vorbei. Die Wogen haben sich wieder geglättet. Für die Menschen in der Welt und ihrem Schicksal hat sich von deren Grundproblemen her nichts geändert.

Für Furore sorgten die Demonstranten des „Schwarzen Blocks", die Autonomen, die Gewaltbereiten, Provokanten und Provozierten, Steinewerfer. Eine Minderheit gegenüber der Vielzahl der friedlich, argumentativ auftretenden Demonstranten. Der Sache der Globalisierungskritiker haben die Autonomen einen schlechten Dienst erwiesen. Aber auch selten wurde Gewalt so vehement öffentlich verurteilt wie im Fall der Konfrontation von Polizei und Schwarzem Block im Raum Heiligendamm. Gewalt ist eindeutig kein brauchbares Mittel Probleme zu bewältigen. Es gibt für die Aktionen der „Schwarzen" keine Rechtfertigung. Dennoch bleibt die Frage nach den Motiven, nach den Hintergründen und Ursachen für die Gewaltanwendung der extrem Radikalen. Diese Frage wird von der Justiz in der Regel bei allen kriminellen Delikten gestellt. Also warum nicht auch hier? Generell blieb es bei der Feststellung: Gewalttäter, Kriminelle – mehr nicht! Einfach und bequem. Einfach ist die Antwort, weil damit eine Schranke aufgerichtet wird gegenüber jeglichem Nachdenken und auch bequem weil dadurch vermieden wird eventuell unangenehmen Hintergründen näher zu kommen. Umstände und Sachverhalte kommen so nicht zur Sprache, die das Kriminelle aufhellen und in anderen Facetten erscheinen lassen könnte. Fertig ist das Tabu! Irgendwie sollte die Gesellschaft jedoch versuchen, solche autonomen, gewaltbereiten Gruppierungen „loszuwerden". Dazu bedarf es der Aufklärung der Motive, der Erfahrungs- und Gefühlswelt der Jugendlichen, denn um die handelt es sich hier im Wesentlichen. Also - wo liegen die Ursachen für ihr Handeln?

Diese jungen Menschen wachsen auf in einer Zeit, die durch den Neuliberalismus geprägt ist, das heißt in einer Ellenbogengesellschaft, die die Armen immer ärmer und die Reichen immer reicher werden lässt. Mary Kaldor erwähnt in ihrem Buch „Neue und alte Kriege" das Entstehen solcher Gruppierungen, wenn sie schreibt: „Eine typische BEGLEITERSCHEINUNG (der neuliberalen Politik) sind die neu entstandenen Banden junger Männer – zeitgenössischer Abenteurer, die sich mittels Gewalt oder Gewaltandrohung durchs Leben schlagen…" Kommt dazu die Nutzung der modernen Kommunikationstechnik (Internet), dann verfügen diese Gruppen über ein ausgezeichnetes Organisationsmittel, wie es sich z.B. auch bei Aktionen in Heiligendamm erwiesen hat. Neoliberales Umfeld und moderne Kommunikationsmittel sind die prägenden Elemente für diese Gruppen. Deshalb hat es sie früher auch nicht gegeben. Sie sind ein „Kind" ihrer Zeit. Konkretisiert ergeben sich zu dieser generellen Charakterisierung eine Reihe von Fakten, die im Bewusstsein der Jugendlichen Eindrücke hinterlassen.

Beispiele dafür sind:

- fehlende Ausbildungsplätze für 1,3 Mill. Jugendliche (BRD bis 2007)
- Schule und Elternhaus erbringen nicht immer ein positives Verhalten in der Gesellschaft
- Videos wie Killerspiele, die die Gewaltausübung demonstrieren, suggerieren dass Gewalt zur „Normalität" gehört
- In den Medien wird eine Fülle von Handlungen gezeigt, bei denen Gewalt eine Rolle spielt z.B. bei internationalen Konflikten, wie dem Krieg im Irak, der ohne stichhaltige Gründe vom Zaun gebrochen wurde, die Massakrierung der Bevölkerung in Dafur (Sudan), die Auseinandersetzungen in Somalia usw. usw. Es ist nicht auszuschließen, dass sich aus solchen Bildern Nachahmungsambitionen ergeben
- Auch Vorkommnisse aus der Geschichte tragen dazu bei Gewalt als unvermeidliche Aktivitäten zu kennzeichnen z.B. die Vernichtung von Urbevölkerungen (Indianer, Inkas, Azteken usw.), Dezimierung der Hereros in Südafrika.
- Schließlich ergeben sich Beweggründe zur Gewaltbereitschaft aus der persönlichen und individuellen Entwicklung, die unter Umständen entsprechende psychische Eigenheiten mit sich bringen wie sie z.B. durch Misshandlungen, Demütigung, Ausgrenzung und ähnliches im Kindesalter entstehen können.

Treffen bei Jugendlichen mehrere dieser Eindrücke zusammen, so dürften für die Erzeugung einer Haltung zur Gewaltbereitschaft ausreichend Bewusstseins - Vorleistungen erbracht sein. Und Gleichgesinnte finden sich zusammen. Von der Gewaltbereitschaft zur Gewaltanwendung ist es dann nur ein kleiner Schritt. Initiative und Provokation werden zum Feld der Entscheidung. Es bedarf dazu nur entsprechender Anlässe bzw. Provokationen, wie sie in Heiligendamm nicht von der Polizei aber von Demonstranten als solche empfunden wurden (Hausdurchsuchungen in Hamburg, Käfighaltung a' la Guantanamo von willkürlich aufgegriffenen Demonstranten, ungenügende Distanz zwischen Polizei und Demonstranten,

Einsatz von Tränengas und Wasserkanonen gegen alle, unabhängig von der Zugehörigkeit zu den beiden Gruppen, schließlich Einsatz von Kriegsschiffen und Tornados, deren Vorhandensein allein schon Gewaltbereite reizen könnte.

Bleibt die Frage: Was ist zu tun?

Staat, Politik und Gesellschaft sind aufgefordert, die Problematik der Entstehung und des Wirkens solcher autonomer Gruppen gründlich zu analysieren und davon ausgehend notwendige Veränderungen in der Gesellschaft insbesondere hinsichtlich der Chancen und Möglichkeiten für die Jugendlichen zu treffen. Wie wär`s z.B. endlich einmal  das unfruchtbare Hin und Her um die Ausbildungsplätze zu beenden und eine wirksame Lösung zu verwirklichen? Oder wie wär`s wenn die Studiengebühren komplett abgeschafft würden? Oder wie wär's …?

Tabus – Bremsklötze der Entwicklung und mehr

Benutzen wir als Ausgangspunkt eine Definition, wie sie der heutigen Bedeutung relativ nahe kommt. Im Weltbild Taschenlexikon heißt es: „Der Begriff Tabu bezeichnet heute vor allem Themen, Bereiche, Dinge, über die nicht gesprochen, die nicht getan werden, deren „Ächtung" (Tabuisierung) aber im Allgemeinen weder rational noch funktional begründet ist." Dieser sparsamen Beschreibung dürfte eine Präzisierung nicht schaden. Geraduelle Unterschiede in der Verbindlichkeit hinsichtlich der Beachtung von Tabus zeigen sich in solchen Begriffen und Formulierungen wie Verbot (Index), Ächtung, Totschweigen, Keine Alternative!, Kein Thema!; es gibt keine Patentrezepte, freiwillige Selbstkontrolle! Suggerierung: „Kein öffentliches Interesse." (nach Verfahren gegen Ackermann und Co.) Varianten zu Problemlösungen werden als unprofessionell und / oder inkompetent hingestellt.

Zeitgeistbedingt waren die ersteren dieser Bezeichnungen vornehmlich in vergangenen Jahrhunderten besonders in Bezug auf religiöse Sachverhalte gültig; den letzteren, der heutigen Zeit mehr entsprechenden, könnte man vielleicht einen mehr tabunahen Charakter zusprechen. Diese werden von Politikern und Medien fleißig gebraucht. Sie können unter den Oberbegriff Ignorierung zusammengefasst werden. Generell sind, wie schon angedeutet, Tabus von den gesellschaftlichen Verhältnissen der einzelnen Epochen geprägt und dienen hauptsächlich der Machterhaltung der herrschenden Kasten (Priester, Adel, Wirtschaftsbosse, Politiker und andere) und ihrer Systeme. Wie noch im Einzelnen zu zeigen sein wird, haben Tabus eine bremsende Wirkung auf die Lösung von gesellschaftlichen Problemen, im Gegensatz zu einer weiteren Kategorie von politökonomischen ideologiebehafteten Positionen, den Mythen (z. B. Mythos Marktwirtschaft), die eher als ideologische Stützen des Bestehenden dienen sollen.

Weitere Aussagen zu den Wesen der Tabus wie deren Wirkungen, ihrer Initiatoren und Protagonisten, deren Motive usw. sollen nach der Charakterisierung einiger Beispiele aus dem politökonomischen Bereich erbracht werden.

Als Beispiele sollen dienen:

- Aus der Diskussion um die „Gesundheitsreform" kann die weitgehende Ignorierung der Problematik der Beitragsbemessungsgrenze beleuchtet werden.

- Aus der Diskussion um die „Reform der Sozialsysteme" soll die Missachtung des Vorschlags zur Nutzung einer Wertschöpfungsabgabe seitens der Unternehmen für den paritätischen Beitrag zum Sozialsystem analysiert werden; und schließlich
- Geht es aus der umfangreichen Problematik der Arbeitslosigkeit um die Frage der Arbeitszeitverkürzung die für die Wirtschaft nach dem Motto: „Kein Thema" behandelt wird.

Zum ersten Beispiel: Zunehmend wächst die Erkenntnis, dass die Kluft zwischen Arm und Reich in der Gesellschaft in den letzten Jahrzehnten immer größer geworden ist. Einen Beitrag dazu, diese Tendenz auch für die Zukunft gelten zu lassen, ergibt sich aus den Lösungsansätzen für die Gesundheitsreform. Kaum in die Öffentlichkeit gedrungen ist der Sachverhalt, der mit der sog. Beitragsbemessungsgrenze zusammenhängt. Beitragsbemessungsgrenze bedeutet, dass alle diejenigen, deren Monatseinkommen mehr als EUR 3.650 beträgt, nur für diesen Betrag ihren Beitrag zur Krankenversicherung zu erbringen haben. Ein Bundestagsabgeordneter z. B., der über etwa EUR 7.000 monatlich verfügt entrichtet auch nur für EUR 3.650 Beitrag. Das sind ca. 7 % seines Einkommens. Mit anderen Worten: Alle „Besserverdienenden" sind bei der Beitragszahlung für die Krankenversicherung privilegiert. Sie sind von der Solidarität der Versicherten, die alle rund 14 % ihres Einkommens entrichten, ausgenommen. Das ist wahrhaftig eine Zweiklassen-Gesellschaft. Dieser Sachverhalt wurde in der intensiven Diskussion nur ganz am Rande erwähnt, so dass er für die große Masse der Menschen kaum wahrnehmbar war. Sogar die sog. Experten haben sich diesbezüglich zurückgehalten. Ein typisches Beispiel eines Tabus nach dem Motto: Ignorierung – Kein Thema!
Es liegt auf der Hand, dass durch dieses Nichtaufgreifen der Idee des Höhersetzens bzw. der Abschaffung der Beitragbemessungsgrenze eine für alle aber auch alle, Bürgerinnen und Bürger gleichhoch prozentuale Beitragspflicht möglich wird, die zudem wesentlich günstiger und zugleich total solidarisch ist. Anstelle 14 % Beitrag wäre einer von ca. 9 % zu entrichten. Das Parteiergreifen für diese Lösungsmöglichkeit wurde dem Bürger durch die Dessinformation als Folge des Tabus verwehrt. Und gerade die Diskussion zu dieser Problematik war der springende Punkt in dieser Angelegenheit.

Zweites Beispiel: Der Vorschlag zur Nutzung einer Wertschöpfungsabgabe für den paritätischen Beitrag zum Sozialsystem durch die Wirtschaft wird nicht aufgegriffen, wird einfach ignoriert - kein Thema!

Was heißt Wertschöpfung? Im „Großen Wörterbuch Wirtschaft" (Compactverlag, 2005) steht geschrieben: „Wertschöpfung ist der Begriff für den im einem Unternehmen durch Einsatz von Produktionsfaktoren (Arbeit, Kapital, Boden / Anlagen, Know How) in einer Rechnungsperiode erwirtschaftete Leistung." Eine Entsprechung findet die Leistung im Gewinn. – Diese Definition lässt erkennen, dass sich der Gewinn aus einem Komplex von Produktionsfaktoren ergibt und nicht aus einem dieser Faktoren. Für die Beiträge zum Sozialsystem werden derzeit aber die Anzahl der Arbeitkräfte der Unternehmen herangezogen, also ein Faktor wird zugrunde gelegt. Das führt zu sehr unterschiedlichen Beitragsaufkommen für das insgesamt Erforderliche. So wird z. B. ein Betrieb mit vielen Arbeitskräften und niedrigem technologischem Niveau zu einem relativ hohem Beitragsanteil veranlagt, während ein anderer mit wenig Arbeitskräften und Hightechniveau einen relativ geringen Beitrag dazu steuert. Die Gewinne bleiben dabei außen vor. Diese Differenzen führen mit dazu, dass die Bestrebungen zur Reduzierung der Arbeitskräfte gefördert werden und bedeuten also eine Tendenz zur Erhöhung der Arbeitslosigkeit. Das Sozialsystem beruht in seinen Grenzen auf dem Solidarprinzip. Zu dessen Gewährleistung kommt es auf das Gesamtaufkommen der Beiträge an. Die Umstellung auf die Wertschöpfungsabgabe ist also bei der Beibehaltung des paritätischen Systems derzeit ein Rechenexempel, das aber zu einer gerechteren, leistungsbezogenen Belastung führt. – Die Besteuerung der Unternehmen durch den Staat erfolgt ja auch nicht nach einem Produktionsfaktor, sondern nach dem Gewinn. Dieser Zustand wird allgemein als normal empfunden. So liegt der Gedanke nahe, diese paritätische Sozialabgabe überhaupt künftig über Steuern zu realisieren. Warum wird dieser Vorschlag nicht in Betracht gezogen? Diese Frage ist schwer zu beantworten. Vielleicht kommt der Vorschlag nicht aus der richtigen Ecke der Politik, oder er gefällt nicht den großen Konzernen, die satte Gewinne mit einem Minimum an Arbeitskräften erbringen.

Im dritten Beispiel geht es um die Arbeitslosigkeit. Das ist ein weites Feld. Massenarbeitslosigkeit hat sich zu einem Dauerphänomen ausgewachsen. Das Suchen nach Lösungsmöglichkeiten, sowohl für den heutigen Zustand, als auch auf weitere Sicht, hat zu einer Fülle von Ideen geführt, über die eine Diskussion schon länger stattfindet.
Daraus soll ein Sachverhalt ausgesondert werden, nämlich die Vision, die Arbeitslosigkeit durch Umverteilung des Arbeitsvolumens mittels Arbeitszeitverkürzung zu verringern. Im Einzelfall ist diese Lösung bereits praktiziert worden. In Frankreich wurde seitens der Regierung die Wochenarbeitszeit auf 35 Stunden herabgesetzt; in Deutschland hat der VW-Konzern ein Beispiel dazu geliefert. Im Großen und Ganzen jedoch findet die Idee keinen

Anklang und wird von den Hauptkräften der Wirtschaft und den dazugehörigen Protagonisten als unbrauchbar abgelehnt bzw. ignoriert. Derzeitige Praxis ist, angebliche Insolvenzgefahr durch Arbeitszeitverlängerung ohne Lohnausgleich zu kompensieren, die Lebensarbeitszeit auf 67 Jahre anzuheben und Zielstellungen zu propagieren, die Wochenarbeitzeit wieder zu erhöhen.

Wirtschaft und politische Kräfte sehen im Wachstum das Allheilmittel für das Problem. Franz Alt schreibt dazu in seinem Buch „Zukunft Erde": „Zwar weiß jedes Kind, dass in einer endlichen Welt die Wirtschaft niemals unendlich wachsen kann, aber die Vertreter der alten Ökonomie und der alten Politik wollten und wollen dieses Naturgesetz bis heute nicht wahrhaben." Konkreter für heute: Die Produktivität ist in Deutschland seit 1980 um 35 % gestiegen. Dass heißt, jeder von uns könnte über ein Drittel mehr Einkommen haben, oder eine um ein Drittel verkürzte Arbeitszeit.

Aber die Alternativen zu dieser Prioritätsposition der Wachstumstheorie werden verdrängt. Es bleibt bei der Überbetonung des Wachstums. Allerdings kann andererseits ein bestimmter ökologisch und sozial bedingter Umbau in der Wirtschaft einen Beitrag zum Abbau der Arbeitslosigkeit leisten.

Für die Großkonzerne aber ist diese Main- Stream- Variante Wachstum schon ad absurdum geführt worden. Wenn wir die Ergebnisse dieses Wirtschaftssektors betrachten,
zeigt sich: Satte Gewinne bei immer geringerem Einsatz von Arbeitskräften. Das tabu (nahe) Verhalten der Wirtschaft in dieser Frage, das Vermeiden von Diskussionen darüber, beruht wahrscheinlich darauf, dass ein kritisches Problem in der Finanzierung der Arbeitszeitverkürzung gesehen wird. Es gilt nämlich den vollen Lohnausgleich für die Arbeitnehmer zu gewährleisten, damit ihr Lebensstandard erhalten bleibt. Gegen diese Forderung würden sich mit Sicherheit die Unternehmer sträuben. Könnten sie diese „Belastung" tragen? Das ist die Frage.

Die Finanzsituation der Konzerne ist z. B. an folgenden Fakten ab zu lesen: Milliarden stehen bereit, wenn es darum geht, einen unliebsamen Konkurrenten aufzukaufen und wie oft geschieht das heutzutage. Milliarden aus Gewinnen fließen in globale Finanzspekulationen anstatt in Investitionen; Millionen sind vorhanden, wenn es darum geht Abfindungen für Manager zu finanzieren. Und da soll es nicht möglich sein, den Lohnausgleich zu übernehmen? Die Ursache für das Tabu zu „Mehr-Arbeitsplätze durch Arbeitszeitverkürzung mit Lohnausgleich" liegt auf der Hand.

Um das Bild zu diesem Problem abzurunden und nicht den Eindruck zu erwecken, dass Arbeitszeitverkürzung einen besonderen Vorrang einnimmt, sollen noch eine Reihe von weiteren Ansätzen zur Überwindung der Arbeitslosigkeit in Stichpunkten angeführt werden. Solche sind z. B.:

- Arbeitsplätze durch zukunftsträchtige Entwicklungen (Solarenergie, ökologische Lösungen, soziale Betreuung usw.)
- Ausbau der öffentlich geförderten Beschäftigungszweige
- Nutzung von Mehrschichtsystemen und andere.

Schließlich dürften sich mit der generellen Veränderung bzw. Überwindung des herrschenden neoliberalen Systems neue Auswirkungen auf den Arbeitsmarkt ergeben, deren Größenordnung und Qualität noch kaum abzuschätzen sind. In diese Richtung weisen Vorstellungen über Wirtschaftsdemokratie, solidarische Ökonomie und dergleichen Zukunftsprojekte. Noch eine letzte Bemerkung zu diesem Kapitel erscheint angebracht: Arbeitszeitverkürzung ist nicht nur eine Frage des Arbeitsregimes bzw. der Wirtschaftsorganisation, sondern auch der Kultur überhaupt d. h. der Sicherung eines kulturvollen Lebens, der Gesundheit und der Wohlbefindens und des menschlichen Zusammenlebens in Familie und Gemeinschaften aller Art. Soweit zu diesem Beispiel Tabu Arbeitszeitverkürzung.
Noch weitere Beispiele lassen sich finden. Räumlich, zeitlich und institutionell begrenzte, wie z. B. die Maulkorborder für die Soldaten in Afghanistan zur Lage im Lande. Der Ruf und besser die Forderung nach Transparenz ist ein Zeichen für Tabus im alltäglichen Konkurrenzkampf der Großen bei Fusionsvorbereitungen, bei Finanzkapitalspekulationen, bei Korruptionsfinanzierung und dergleichen Aktivitäten.
Diese Beispiele sollen genügen.

Abschließend soll versucht werden, die Gemeinsamkeiten darzustellen, eine Charakteristik der Tabus vorzulegen. Offensichtlich ist, dass alle diese Tabus und Ihre Schattierungen

- Hemmnisse für Optionen, Alternativen und Visionen sind, damit Diskussionen verhindern und generell den Fortschritt der gesellschaftlichen Entwicklung beeinträchtigen. Mit der Unterbindung der Diskussion „erspart" man sich die argumentative Auseinandersetzung. Das lässt den Gedanken aufkommen, dass es zur jeweiligen Sache keine vernünftigen Argumente gibt. Oder warum sollte man sich sonst auf ein Tabu stützen?

- Tabus bewirken demzufolge auch eine Beeinträchtigung der Demokratie. Vielfalt und Lebendigkeit des Gesprächs (davon lebt die Demokratie), der Auseinandersetzung, von Initiativen der Bürger werden unterdrückt.
- Tabus bedienen und fördern den konservativen Zeitgeist. Eingefahrene Systeme, die u. U. schon nicht mehr den modernen Anforderungen und Bedingungen entsprechen, werden am Leben erhalten bzw. verteidigt.
- Tabus stehen oft mit der Logik auf Kriegsfuß, da sie Schranken zwischen Gliedern von Gedankenketten errichten. Weitgehend einleuchtende Lösungen werden verhindert.

Soweit die Folgeerscheinungen der Tabus. Heutzutage finden sie sich vornehmlich in der Auseinandersetzung zwischen den herrschenden neoliberalen Kräften in der Wirtschaft und in Parteien einerseits und den Kräften des Fortschritts andererseits. Ersteren dienen die Tabus als Kampfinstrumente gegen die Kräfte der Gesellschaft, die sich neuen Ideen zuwenden, sich eine andere Welt wünschen und dafür eintreten. Diese Kräfte, die vor allem in der Zivilgesellschaft zu finden sind, treten ein für die Brechung von Tabus und leisten damit einen Beitrag, den Weg frei zu machen in eine friedliche, menschenwürdige, ökologische und gerechte global solidarische Zukunft.

Oktober 2006

Wege zu mehr Toleranz

Das Ziel der Diskussion der Thematik sollte sein, nicht nur einfach Feststellungen zu treffen, den aktuellen Zustand zu beschreiben, sondern möglichst auch Wege zu weisen, um Toleranz mehr Freiräume zu schaffen, Toleranz mehr öffentlichkeitswirksam zu machen und damit Toleranz von einer noch vielfach passiven Haltung zu einer aktiven positiven Kraft zu entwickeln, gewissermaßen eine „streitbare Toleranz" zu fördern; d. h. unter anderem auch die Auseinandersetzung mit Erscheinungen, Resultaten und Ursachen von Intoleranz zu führen. Das sollte bewirken, Toleranz dort zu ermöglichen, wo heute noch Intoleranz herrscht.

So wird dieser Beitrag versuchen, von Erscheinungen der Intoleranz, und deren gibt es genug, auszugehen; denn erst das tiefere Wissen um die verschiedenen Facetten von Intoleranz kann die Angriffspunkte für die Auseinandersetzung offen legen. Diese Vorgehensweise hat den Vorteil, dass die Wahrnehmung von Intoleranz durch deren aggressives Wirken viel deutlicher zu erkennen ist und daher besser greifbar wird.

Ich stütze mich in den weiteren Ausführungen auf einen meines Erachtens geringen aber wesentlichen Teil der Literatur, die mehr oder weniger zu dieser Problematik wichtige Aussagen bringt.
Das sind:
1. Heiner Geisler: Intoleranz
2. Ekkehard Sauermann: Neue Welt – Kriegs – Ordnung
3. Robert Kurz: Weltordnungskrieg
4. Joseph Stiglitz: Die Schatten der Globalisierung

Wie zu sehen ist, handelt es sich bei den Autoren nicht um Vertreter eines Lagers – und damit wird dem Gedanken der Vielfalt und der Objektivität Rechnung getragen, übrigens Gedanken, die im Repertoire von Attac einen Platz haben.

Es sollen nun die hauptsächlichsten Sachverhalte der in der Gegenwart vertretenen Erscheinungen von Intoleranz kurz charakterisiert werden, um anschließend an einem ausgewählten Beispiel ausführlicher die Fakten und vor allem deren offensichtliche und tiefere Ursachen dazulegen und daraus Erkenntnisse zu gewinnen.

Fundamentalismus: Denk- und Glaubensrichtungen mit dem Anspruch, allein „die" Wahrheit zu besitzen und diese mit allen Mitteln verteidigen zu wollen. Extreme Beispiele sind die Inquisition mit Ketzer- und Hexenverbrennung im Mittelalter und das Festhalten an menschenverachtenden Vorschriften z. B. im Islam der Scharia, dem Gesetzeskodex, wie er in verschiedenen Staaten (Sudan, Nigeria u. a.) noch und heute wieder verstärkt propagiert und praktiziert wird. Ich komme darauf ausführlicher zurück.

Totalitarismus: Praktiziert als Diktaturen, Herrschaft mit dem Ziel von Machtausübung und Machterhalt um jeden Preis. Gekennzeichnet sind diese Systeme (Einparteiensysteme, Gottesstaat) durch Unterdrückung von Meinungsfreiheit, Pressefreiheit und Demonstrationsrecht, sowie Nutzung einseitiger ideologischer Positionen. Einsatz von Folter und Gewalt jeder Art sind häufig an der Tagesordnung.

Ideologien: Mit mehr oder weniger komplexer Betrachtungsweise für gesellschaftliche Verhältnisse, die vorwiegend einseitig angelegt und wenig wissenschaftlich fundiert sind. Dogmatismus verschiedener Couleur. Als Beispiel sei der Eurozentrismus genannt, eine Denk- und Betrachtungsweise, der die Auffassung zugrunde liegt, das die „allgemeine historische Entwicklung, die als charakteristisch für das westliche Europa und nördliche Amerika betrachtet wird, ein Modell darstellt, an dem die Geschichten und sozialen Formationen aller Gesellschaften gemessen und bewertet werden können." (aus: „Jenseits des Eurozentrismus"; S. 12) Ein weiteres Beispiel ist die viel strapazierte Wachstumsideologie des derzeitigen Kapitalismus, die heute als mystische Heilslehre fungiert.

Kriege und Terrorismus: Können auch als Auswüchse und äußerst extreme Formen von Intoleranz gesehen werden. Kriege entstehen vornehmlich aus imperialistischen Konkurrenzsituationen und Hegemoniebestrebungen. Sie haben für die Menschheit unsägliche Leiden gebracht. Vielfach spielt dabei auch die Intoleranz gegenüber möglichen alternativen Problemlösungen eine Rolle. Terrorismus entsteht vielfach aus Situationen von Ausweglosigkeit, die von politischen, ökonomischen und weiteren anderen Ursachen herrühren kann.

Rassismus und Antisemitismus: Sind ebenso Ausdruck von Intoleranz. Ihre Geschichte ist weit zurückliegend. Im nazistischen Deutschland erreichten diese Ansichten einen unglückseligen und schaurigen Höhepunkt. Auschwitz beleibt dafür ein ewiges Wahrzeichen.

Durch mystifizierte Pseudo-Theorien wurden in diesem Fall menschenvernichtende Aktionen gestützt. In wachsendem Maße sind wir noch heute damit konfrontiert.

Eine Reihe weiterer markanter Erscheinungen von Intoleranz sollen nur noch genannt werden, obwohl sie nicht weniger Grausamkeiten zur Folge haben:

-   Nationalismus/ Chauvinismus
-   Frauenfeindlichkeit und Benachteiligung mit extremen Auswüchsen wie der Genitalverstümmelung (von Genitalverstümmelung sind weltweit 130 Millionen Mädchen und Frauen betroffen - dieser Eingriff wurde vor kurzem vom Berliner Verwaltungsgericht als Asylgrund anerkannt)
-   Fremdenfeindlichkeit/ Fremdenhass

Bei näherer Betrachtung dieser Fakten zeigt sich eine Reihe gemeinsamer Merkmale:
Menschenrechte und Menschenwürde werden missachtet. Die Menschenrechte sind ein entscheidendes Kriterium von Tatbeständen, die der Toleranz unterliegen und von Intoleranz betroffen sind.
Aggressivität, Unterdrückung, Verfolgung und Gewalt in vielfacher Form sind mehr oder weniger kennzeichnend; Terrorismus ist eine extreme Äußerung von Intoleranz
Ansprüche auf den alleinigen Besitz von Wahrheiten, Beharrung auf überholten, mystischen und glaubensfixierten Vorstellungen sind häufig vertreten. Dogmatismus ist ein Markenzeichen von Intoleranz. Traditionalismus und Konservatismus stützen sich auf fundamentalistische Elemente.

Dabei ist auch zu sehen, dass diese Merkmale sich mehr oder weniger überschneiden, mehr oder weniger komplex auftreten können.
Nun zum Islam: „Unter Religions- und Islamwissenschaftlern herrscht zu meist Übereinstimmung, dass sich der Islam in seiner Geschichte sowohl gegenüber anderen Religionen als auch den unterschiedlichen Bewegungen innerhalb der eigenen Religion als toleranter erwiesen hat als das Christentum."
Robert Kurz sagt dazu: „Der so genannte islamische Fundamentalismus etwa hat so gut wie gar nichts mit den wirklichen islamischen Kulturen der Vergangenheit zu tun." Diese Aussage klingt in dem aktuellen „Bericht zur menschlichen Entwicklung in der arabischen Welt" auch an, der kürzlich im Ergebnis der Arbeit von 50 Wissenschaftlern publiziert wurde.

Darin wird die Radikalisierung von Islamisten scharf kritisiert. Gruppierungen „die sich islamistisch nennen" nehmen „Zuflucht zu restriktiven Interpretationen des Islam und zur Gewalt als Instrument des politischen Aktivismus." Das entfalte eine „Glut der Feindseligkeit". (ND vom 21.10.03, S. 7)

Der islamische Fundamentalismus in engeren Sinne ist primär das Ergebnis der Begegnung mir dem Kolonialismus und Neokolonialismus. Er ist gekennzeichnet als Rück-, Hinwendung zu den ursprünglichen bestimmenden religiösen Orientierungen, dem Koran und der Scharia. Diese rückwärtsgewandte Bewegung, die sich im 20. Jahrhundert ausgebreitet hat und sich jetzt verstärkt bemerkbar macht, ist in einer Zeit des gesellschaftlichen Umbruchs entstanden, die neue Orientierungen erforderlich machte. Bestimmend waren dafür u. a. folgende gesellschaftliche Gegebenheiten bzw. Missstände:

- Spätfolgen der Kolonialzeit wie Monokulturen, Zurückgebliebenheit in der Entwicklung, Verarmung, Bildungsmisere, Bevormundung, usw.

- Diese negativen Nachwirkungen wurden durch die Überlegenheit der Industriestaaten (G 7) auf technisch – technologischem, bildungsmäßigem und vor allem finanziellen Gebiet noch verstärkt und zementiert.

- Konfrontation der islamischen (und auch anderer) Länder mit der in zwei Weltsysteme und Entwicklungsrichtungen gespaltenen Welt. Daraus resultierte die Frage der Entscheidung für einen der Blöcke oder auch der Impuls zur Entschließung eines eigenen Weges.

- Mit der Wende, d. h. mit dem Zusammenbruch des realsozialistischen Systems entstand wiederum eine neue Situation. Der Kapitalismus gelangte zur herrschenden Wirtschaftsordnung. IWF (Internationaler Währungsfond) Weltbank und WHO, internationale Wirtschafts- und Finanzorgane unter US-Vorherrschaft brachten den Entwicklungsländern mehrheitlich keinen wachsenden Wohlstand. Vielmehr nahm Armut und Elend ständig zu.

Die Globalisierung hat die ökonomische Situation der unterentwickelten Länder auch nicht verbessert. Wie erst kürzlich das ohne Ergebnis abgebrochene Treffen in Cancun/ Mexiko zeigte, bestehen die Industrieländer auf der Beibehaltung der Exportsubventionen für Agrarprodukte und beschränken bzw. verhindern damit die Exportmöglichkeiten der 3. Welt-Länder.

Wenn wir versuchen, die Verteilung von Toleranz und Intoleranzerscheinungen in der Welt abzuschätzen, so deutet sich an, dass wohl noch überwiegend Intoleranz vorherrschend ist. Dabei ist vermutlich der Anteil der Toleranz mit einer beachtlichen Dunkelziffer behaftet, da er oft nicht öffentlich sichtbar wird.

Nach dieser einführenden Übersicht soll nun am Beispiel des Fundamentalismus gezeigt werden, wie er entsteht, welche Wirkungen er hervorbringt und vor allem welche Ursachen dazu geführt haben. Schließlich soll versucht werden, einige Erkenntnisse daraus abzuleiten, die die eingangs genannten Zielstellungen zu erreichen helfen.

Bei Fundamentalismus denk man meist zuerst an den islamischen Fundamentalismus. Es handelt sich jedoch dabei um ein Phänomen, das allgemeinen Charakter hat.

Ekkehard Sauermann führt dazu aus: „Unter Fundamentalismus wird allgemein das Vertreten solcher Grundsätze, Prinzipien und Normen verstanden, durch die der Anspruch auf Ewiges, Unvergängliches, Heiliges, Universales erhoben wird – also auf Fundamentales, auf die ursprünglichen Fundamente." (S. 218) So zeigt sich z. B. der Fundamentalismus in christlichen Glaubensgemeinschaften darin, dass er als Gegenmodell zu Modernismus und Liberalismus verstanden wird und als entscheidende Autorität den Glauben an die absolute Unfehlbarkeit der Bibel beansprucht. Relativ stark verbreitet und einflussreich sind derartige Gedanken in den USA (Sektenwesen) und beeinflussen die Politik. Z. B. erklärte Präsident Reagan 1982 das Jahr 1983 zum „Jahr der Bibel".
Für die unmittelbare Vergangenheit ist folgendes charakteristisch: „Der fundamentalistische Charakter der US-amerikanischen Politik unter Präsident George W. Bush wird von Gazi Caglav folgendermaßen charakterisiert: „ Nicht nur der Begriff des Kreuzzuges, sondern auch die häufigere Wortwahl zur Charakterisierung der Fronten des „ersten Krieges des 21. Jahrhunderts" (Bush) in höchst religiösen Begriffen (die Guten gegen die Bösen) waren ein Beweis für die fundamentalistische Barbarei in Mitten der Zivilisationen." (Sauermann, S. 224) – Darin zeigt sich, dass hier die Religionen als Hilfsmittel zur Legitimierung fragwürdiger Kriege benutzt wird. Vermutlich reicht der Zustand der gesellschaftlichen Verhältnisse in den USA nicht aus, um dies Vorgehensweise glaubhaft zu begründen.

Ein weiterer Gesichtspunkt ist der Umstand, dass die islamische Religion von Anbeginn enger mit der Politik verbunden war und ist, so dass es nahe liegend war, den Ausweg aus den

Problemen in der Wiederbesinnung auf die ursprünglichen Glaubenspositionen zu suchen, die längst vergangene Zeiten als heile Welt erscheinen lassen.

Alle diese Umstände förderten die Suche nach Auswegen aus der Misere und führten zur Entstehung verschiedener Richtungen innerhalb des Islam, deren extreme Vertreter (z. B. die Taliban) im Terrorismus Möglichkeiten sahen, sich gegen diese sie überwältigenden Mächte zu wehren. Besonderen Einfluss auf die Verstärkung der terroristischen Aktivitäten hatten und hat der Nahostkonflikt Israel – Palästina.

Die meisten dieser Entwicklungsbedingungen betreffen nun nicht nur die islamischen Länder, sondern auch alle anderen Länder der sog. 3. Welt, wobei natürlich eine Differenzierung bei detaillierter Betrachtung erforderlich ist. So liegen die Probleme z. B. in Südamerika graduell und schwerpunktmäßig anders als in den islamischen Ländern.

Zusammenfassend ist also zu konstatieren, dass letzten Endes die Ursachen für den Fundamentalismus in der generellen Krisensituation der Weltwirtschaft und Weltpolitik zu sehen sind.

Terroristen nutzen fundamentalistische Positionen und Elemente des Islam zur Legitimierung ihrer Aktivitäten. Daraus ergibt sich die Frage, wie dieser Terrorismus bekämpft und überwunden werden kann.

Heiner Geissler äußert sich dazu wie folgt: „Mit den militanten Terroristen fertig zu werden, ist zwar schwierig aber nicht unmöglich." „Das Problem sind nicht die 80.000 bis 100.000 Islamisten, die 10.000 zur Gewalt bereiten islamischen Terroristen auf der Welt, sondern die Masse der mit ihnen sympathisierenden Menschen, die in Armut und ohne Perspektive für die Zukunft leben. Sie bringen ihre ungerechten Lebensbedingungen in einen kausalen Zusammenhang mit der Invasion des American way of life und der ökonomischen Globalisierung. Ihnen gelten die USA völlig zu Recht als mächtigste Vormacht des internationalen Turbokapitalismus. Shareholder value, so heißt die Kapitalismusphilosophie, die global die soziale Marktwirtschaft abgelöst hat." (S. 254)

Ekkehard Sauermann beschreibt die Problematik so: „Die speziellen historischen Bedingungen, die zur Herausbildung des Fundamentalismus geführt haben, waren: Der Druck der expansiven neokolonialistischen Politik der USA und ihrer westlichen sowie islamischen Partner, die Verschärfung der regionalen und nationalen Konflikte sowie die inneren sozialen

Gegensätze." (S. 248/ 249) Als verantwortlich für die Herausbildung „extremistischer Terroristen mit islamischem Hintergrund" (Peter Heine) wird die Militarisierung islamischer Gruppen zwecks deren Instrumentalisierung im afghanischen Bürgerkrieg sowie der massive militärische Eingriff der USA in der Golfregion im Irak-Krieg 1990/ 1991 angesehen.

„Der militaristische Auswuchs des islamischen Fundamentalismus ist eine besondere Erscheinungsform der spezifischen Militarisierung der Welt nach dem Ende des Kalten Krieges." (Sauermann, S. 249)

Robert Kurz misst dem Fundamentalismus nicht diese Bedeutung bei, wie die soeben zitierten Autoren. Er sieht die Lage so: „Die verheerenden Terroranschläge gegen die USA am 11. September 2001 haben buchstäblich blitzartig deutlich gemacht, was längst absehbar gewesen ist: Die weltumspannende gesellschaftliche Vernetzung ... über die blinden Gesetze der Konkurrenz und der Finanzmärkte bringt nicht nur neuartige strukturelle Krisen hervor, sondern ebenso neuartige „Hass- und Vernichtungspotentiale". (S. 13) An anderer Stelle: „Die neue Weltmachtrolle der USA konnte also mit einem fast schon religiösen Sendungsbewusstsein aufgeladen werden: Die westliche Supermacht mutierte zum globalen Propagandisten und geradezu Missionar der privat- und konkurrenzkapitalistischen Produktions- und Lebensweise" (S. 33); und weiter: „Trotz allen Ableugnens, aller Schönfärberei und Hoffnungsmacherei bilden die schleichende Weltkrise und die darin eingeschlossene Globalisierung des Kapitals den Hintergrund dafür, dass die nunmehr wirklich universell gewordene Pax americana alles andere als eine befriedete Welt hervorbringt." (S. 34)

Der gemeinsame Grundtenor ist offensichtlich: Die unter der ökonomisch – militärischen Hegemonie der USA und ihrer Helfer (IWF, Weltbank, WTO und andere) einseitig zugunsten der USA und Industriestaaten insgesamt betriebene Einflussnahme auf die Gestaltung der Weltwirtschaft in Form der Globalisierung, Privatisierung und neoliberalen strukturellen Veränderungen sind die Hauptursache für die Verschärfung der Krisensituation, für das weitere Anwachsen der Kluft zwischen Arm und Reich und weiterer Begleiterscheinungen. Behaftet sind diese Entwicklungen mit vielfältiger Intoleranz, die dazu beiträgt den Widerstand zu wecken und zu schüren.

Bleibt die Frage: Was ist zu tun?
Wie ist zu erreichen, dass Toleranz mehr an Boden gewinnt?

Die Verbesserung der Lebensverhältnisse der Mehrheit der Menschen und insbesondere der Armen und Benachteiligten ist das Hauptanliegen der Realisierung von Schlussfolgerungen und Maßnahmen zu mehr sozialer Gerechtigkeit weltweit. Erst im Gefolge dieser Schritte kann als Nebenwirkung mehr Toleranz eintreten und damit die Atmosphäre zwischen den Menschen, Gruppen und Regionen freundlicher gestaltet werden. – Allein Appelle irgendwelcher Art und an irgendjemanden dürfen kaum einen solchen Wandel herbeiführen.

Vorschläge und Ideen zur Veränderung gibt es genug. Ich beziehe mich im folgenden auf Vorschläge die von Attac bereits seit längerem verfolgt werden, auf Ideen, die bei Heiner Geissler, Joseph Stiglitz und vielen anderen zu finden sind.

„Entwicklung ist ein Prozess, der nicht nur Ressourcen und Kapital betrifft, sondern einen grundlegenden Bewusstseinswandel in der Gesellschaft erfordert." (Stiglitz, S. 277)

Dazu gehören:

differenzierte und sorgfältige Analysen der Sachverhalte; Untersuchung der Vorgänge und Ereignisse in ihrem historischen Zusammenhang

Übereinstimmung von Problemlösungen mit den Vorgaben der Menschenrechte und besonders sozialer Gerechtigkeit

Aufklärung und Widerlegung von Vorurteilen, Pauschalisierungen, Manipulationen, Täuschungen und Fälschungen

Keine vorgefassten Problemlösungen ohne Prüfung weiterer Alternativen; mehr Transparenz in der Phase der Ausarbeitung von Vorhaben

Kein Eurozentrismus, sondern objektive Gegenüberstellung eigener und fremder Erkenntnisse und Positionen

Mobilisierung der Öffentlichkeit und weitere Stärkung der gesellschaftlichen Gegenkräfte wie z. B. Attac und anderer globalisierungskritischer Organisationen

Globalisierung darf nicht Demokratie verhindern, sondern muss so gestaltet werden, dass Demokratie entsteht und gefördert wird.

„Die bislang betriebene Globalisierung versucht die Diktatur nationaler Eliten durch die Diktatur internationaler Finanzmärkte zu ersetzen. Den Ländern wird klipp und klar zu verstehen gegeben, dass ihnen die Kapitalmärkte und der IWF keine weiteren Kredite mehr gewähren, wenn sie nicht gewisse Bedingungen erfüllen." (Stiglitz, S. 283/ 284) Diese Praxis verhindert die Mitwirkung der Menschen an der Gestaltung ihrer Lebensverhältnisse und kann nicht toleriert werden.

Erste Schritte zu einer gerechten Weltwirtschaftsordnung sind u. a.:

Besteuerung von Finanztransaktionen zwischen Ländern mit unterschiedlichem Wechselkurs mit kurzfristiger Laufzeit zur Erzielung von Spekulationsgewinnen (Tobin-Steuer)

Finanzhilfe und Entwicklungshilfe, „die ihrem Namen gerecht wird" (Stiglitz) ist weiter vermehrt notwendig, um vor allem auch das Gesundheits- und Bildungswesen zu verbessern. Diese Hilfe darf nicht mit Auflagenzwängen gekoppelt werden, sondern sollte in Übereinstimmung mit den Intentionen der Empfängerländer erfolgen.

Schuldenerlass ist bisher nur halbherzig vorgenommen worden. Er ist zu intensivieren, um den verschuldeten Ländern mehr Möglichkeiten zur Verwendung ihrer Exporterlöse für inländische Vorhaben zu nutzen und nicht wie bisher mit einem hohen Prozentsatz für den Schuldendienst einzusetzen.

Beseitigung der globalen Ungerechtigkeiten in den Handelsbeziehungen zwischen den Entwicklungsländern und den Industriestaaten.

Während die WTO im Interesse der Industriestaaten „die Öffnung der Märkte den Entwicklungsländern für ihre Industrieerzeugnisse predigten und erzwangen, schotteten sie ihr Märkte weiterhin gegen Produkte der Entwicklungsländer wie Textilien und Agrarprodukte ab"; Exportsubventionen in Milliardenhöhe. (vgl. auch Cancun s. o.)

Die geistigen Eigentumsrechte, die Gegenstand der Uruguay-Verhandlungen waren, erbrachten ein unbefriedigendes Ergebnis für die Nutzer, darunter vor allem die Entwicklungsländer (vgl. Südafrika - AIDS - Medikamente). Der Zugang zur Nutzung von Patenten müsste für diese Länder erleichtert werden. – Nicht zu tolerieren ist auch die sog. „Biopiraterie". Internationale Pharmakonzerne lassen sich Wirkstoffe aus der traditionellen Medizin, die häufig geistiges Eigentum indigener Völker sind, ohne Entschädigung patentieren.

Gravierende Ungerechtigkeiten im Welthandel sind mit den GATS -Vorhaben programmiert. (GATS = General Agreement on Trade in Services) Es geht um den Marktzugang und die Gleichbehandlung in- und ausländischer Anbieter in allen Mitgliedsländern der WTO (142). Auf Grund der unangemessenen günstigeren Ausgangsbedingungen der Industrieländer würde die Realisierung dieser Absichten für die weniger entwickelten und ökonomisch schwächeren Länder gewaltige Einbrüche in deren Wirtschaft verursachen. – Attac hat dazu bereits seit längerem entschiedene Proteste geäußert.

Soweit eine unvollkommene Darstellung möglicher Aktivitäten zur Verbesserung der Situation. Das ist noch keine abgerundete komplexe Strategie und noch nicht alle Entwicklungsbedingungen sind berücksichtigt z. B. die gesamte Umweltproblematik. Und von den angeführten Schritten sind erst die wenigsten ernsthaft in Angriff genommen bzw. realisiert worden.

Es gibt also noch viel zu tun. Tragen wir zuerst dazu bei, dass immer mehr Menschen begreifen, worum es geht. Lassen sie mich schleißen mit einem Ausspruch der indischen Schriftstellerin und Globalisierungskritikerin Arundathati Roy: „Wir sind viele, sie sind wenige, eine andere Welt ist nicht nur möglich, sie ist unterwegs."

November 2003

Aktionsbündnisse sind gefragt

Zivilgesellschaft und direkte Demokratie

Nehmen wir ein Fallbeispiel, um das Anliegen des Themas deutlich zu machen. In Wismar wurde 2005 durch die Bürgerschaft die Privatisierung des Krankenhauses eingeleitet und mit dem Verkauf an den Konzern/Klinikverband Damp Holding im November 2005 abgeschlossen. Die Information der Öffentlichkeit über dieses Vorhaben erfolgte erst, als kritische Stimmen über die lokale Presse laut wurden. Die Attac Regionalgruppe Wismar versuchte durch eine Reihe von Aktivitäten wie Schreiben an die Fraktionen der Bürgerschaft mit ausführlicher Gegenargumentation zur Privatisierung, Flugblattaktion, Stellungnahmen in der Presse, Ansprechen des Problems auf öffentlichen Versammlungen und Gesprächen mit zwei Bürgerschaftsfraktionen Öffentlichkeit herzustellen, um eine Diskussion anzustoßen, Protest zu wecken und eventuell ein Bürgerbegehren zu initiieren. Diese Aktivitäten waren ohne Erfolg .Die Attac - Gruppe sieht die Ursachen für diesen negativen Ausgang in folgenden Sachverhalten:

- die weitgehend nicht gegebene Transparenz über das Vorhaben seitens der Stadtoberen führte dazu, dass Gegenaktionen erst recht spät möglich waren;
- die Aktionsfähigkeit der Gruppe war durch die geringe Anzahl ihrer Mitglieder erheblich eingeschränkt;
- zu spät wurde versucht, Bündnispartner zu gewinnen, und auch diese Bemühungen führten zu keinem Ergebnis;
- die finanzielle Situation der Attac - Gruppe erlaubte keine größeren Maßnahmen;
- die Aktivitäten von Attac wurden durch das passive Verhalten der Krankenhausbeschäftigten einschließlich des Personalrates nicht gefördert und schließlich
- gab es keine Unterstützung durch eine oder mehrere Fraktionen der Bürgerschaft.

Was ist daraus abzuleiten?

Neben anderen Ideen (z.B. Gewinnung neuer Mitglieder) ergibt sich als wichtigste Schlussfolgerung die, dass die Attac - Gruppe Bündnispartner aus der Zivilgesellschaft finden und gewinnen muss.. Denn noch ist die Privatisierungsorgie (Friedhelm Hengsbach) in vollem Gange, noch gibt es genügend Probleme in Menschenrechtsfragen (Frauen), in der Umwelt usw., wo Gegenkräfte zu mobilisieren sind.

Aktionsbündnisse sind gefragt.

Die Nutzung der Möglichkeiten der direkten Demokratie ist so besser und im stärkeren Maße möglich.

Wer kommt als Bündnispartner in Frage?

In erster Linie alla, die unter dem Oberbegriff Zivilgesellschaft eingeordnet werden können.

Was heißt Zivilgesellschaft?

Zivilgesellschaft wird noch unterschiedlich definiert. Sie reicht von einer sehr weiten Fassung wie sie z.B. Robert Kurz in seinem Buch „Weltkapital", S.426, benutzt: „Kirchen, Gewerkschaften, Unternehmerverbände, freie Vereine aller Art usw." bis zu der mehr anerkannten Charakterisierung, wie sie bei Reinhart Kössler/Henning Melbar in „Chancen internationaler Zivilgesellschaft" zu finden ist. Dort heißt es: (S.93): „Zivilgesellschaft verstehen wir zunächst als ein Netzwerk von Organisationen und informellen Zusammenhängen, der geeignet ist, als Widerlager und Widerpart gegenüber dem jeweiligen Staatsapparat aufzutreten."

Zivilgesellschaft wird auch als dritter Sektor bezeichnet. Daran wird deutlich, dass Staat und Wirtschaft als weitere Bestandteile der Gesellschaft als Ganzes gesehen werden Mehr in einer Grauzone in Bezug auf diese Definition befinden sich die Gewerkschaften und auch die Kirchen. Das soll hier aber nicht weiter untersucht werden.

Entstanden ist die Zivilgesellschaft mit dem erkennen der Schwachstellen der parlamentarischen Demokratie, die als „Vertreter-Demokratie fungiert (die Bürger werden über lange Zeiträume durch Abgeordnete, Vertreter eben, ersetzt). Diese zeitliche Ausgrenzung und die damit beschränkte Teilhabe der Bürger durch den in mehrjährigen Abständen stattfindenden Wahlakt ist Quelle unterschiedlicher Positionen zwischen Regierenden und den Vertretenen. Letztere ist die Zivilgesellschaft, die sich der direkten Demokratie bedient, die sich selbst wiederum zum integralen Bestandteil des Demokratiesystems entwickelt.

Gefördert wird diese Entwicklung auch durch den Umstand, dass häufig die politische Führung keine Anstalten macht, ihre Basis, die Staatsbürger, für ihr Anliegen und ihre Überzeugungen zu gewinnen, sondern mehr oder weniger selbstherrlich entscheidet.

Andererseits gibt es bei den Bürgern ein natürliches Bedürfnis, nach Kommunikation und Engagement, danach, mit zu reden und mit zu entscheiden, wofür es auf dem Felde der direkten Demokratie und in der Zivilgesellschaft genügend Ansatzpunkte für kreative Betätigung gibt.

Heute unterliegen die Regierenden vorwiegend dem neoliberalen Mainstream. Das führt zwangsläufig zu Konflikten mit der Zivilgesellschaft. Zivilgesellschaft umfasst heute im Kern Organisationen, Vereine und soziale Bewegungen, die sich Zielen und Aufgaben der menschenrechtlichen, friedensstabilisierenden, sozialen, ökologischen und Demokratie intensivierenden Problemen stellen, als Korrektiv gegen Staat und Wirtschaft wirken, aber auch als gesellschaftliche Kooperationspartner im Rahmen der universellen Demokratie an der Gestaltung der Lebensbedingungen der Gesellschaft gelten können.

Konkret sind es also, um nur einige wenige Beispiele zu nennen, solche Organisationen, wie Greenpeace, BUND, Attac, Mehr Demokratie, VVN u.v.a.

Nicht zugehörig zur Zivilgesellschaft sehen wir nazistische Bewegungen oder rechtsgerichtete Gruppen. Ihre Existenz ist mit den demokratischen Grundpositionen der Zivilgesellschaft nicht vereinbar Allen Zivilgesellschaft-Zugehörigen gemeinsam ist, dass sie keine Lobby-Funktionen erfüllen, sondern sich Aufgaben und Problemlösungen verschrieben haben, die Aufgaben des Gemeinwohles und des Gemeinnutzes zum Gegenstand haben. Das kann auch als eine Basis für solidarisches Handeln miteinander angesehen und genutzt werden.

Gemeinsame Merkmale der Glieder Zivilgesellschaft sind auch

- die Freiwilligkeit der Beteiligung der Mitglieder
- die finanzielle Unabhängigkeit vom Staat und Wirtschaft
- basisdemokratische innere Verfassung sowie Bereitschaft zum solidarischen Denken und Handeln

Solidarisch heißt hier vor allem, den eigenen Gegenstand gegenüber dem Anliegen einer anderen Gruppe der Zivilgesellschaft zurück zu stellen und mögliche Hilfe zu leisten. Und das sollte natürlich auf Gegenseitigkeit beruhen.

Wie kann die Zivilgesellschaft wirksam werden?

Welche Mittel und Möglichkeiten sind gegeben, um diese Probleme zu beeinflussen, zu lösen und zum Erfolg zu führen? Bewährte, allgemein bekannte Möglichkeiten des Protestes sind Demonstrationen, Boykott, Streik, Bürgerinitiativen, Bürgerbegehren, Bürgerentscheid u.a.m.

Allen voran geht die Mobilisierung der Öffentlichkeit. Doch da fangen die Probleme an, denn nicht alle Presse-Medien sind geneigt, sich bestimmter Probleme der Zivilgesellschaft anzunehmen. Sind diese Schwierigkeiten überwunden, erscheint es aussichtsreich und legal, die Möglichkeiten der direkten Demokratie zu nutzen. Bürgerbegehren und Bürgerentscheid erfordern einen großen Kraftaufwand, um die gesetzten Hürden zu überwinden; sie sind deshalb in der Regel nur mit Hilfe eines hocheffektiven Aktionsbündnisses realisierbar. Aussichtsreich sind diese Wege über die direkte Demokratie andererseits auch, weil sie bei positivem Ergebnis von Bürgerbegehren und Bürgerentscheid zu einer definitiven Verbindlichkeit für die staatlichen Institutionen führen, das Problem im Sinne der Forderung des Bürgerentscheides zu verwirklichen. Ein so relativ sicheres Ergebnis ist bei der Nutzung anderer Formen des Protestes immer ungewiss, und deshalb kommt der direkten Demokratie eine besondere Bedeutung für die Zivilgesellschaft zu und deshalb sollen die weiteren Ausführungen darauf beschränkt werden. Daraus ergeben sich Fragen.

Wie ist die Situation auf diesem Gebiet? Wie hat sich die direkte Demokratie bewährt?

Wie kann direkte Demokratie weiter vervollkommnet werden?

Welche „Nebenwirkungen" sind mit direkter Demokratie verbunden?

Ich versuche mich auf wesentliches zu konzentrieren.

Für die Bundesebene besteht nach wie vor keine Möglichkeit, Volksinitiativen bzw. Volksbegehren und Volksentscheid zu praktizieren, obwohl diesbezügliche Vorstöße bereits mehrfach erfolgten. Der Bürgerwunsch jedenfalls ist eindeutig. Nach einer Forsa - Umfrage im Januar 1999 befürworteten 70% der Deutschen Volksbegehren und Volksentscheid auf Bundesebene. Dieser Sachverhalt bedeutet ein erhebliches Defizit Deutschlands gegenüber der Situation in Europa und Ländern darüber hinaus. Nur wenige ausgewählte Beispiele beleuchten diese Feststellung:

- Nach positiven Volksabstimmungen traten 1994 Österreich, Finnland und Schweden der europäischen Union bei;
- In Brasilien wurde 2005 in einem Referendum das Verbot des Waffenhandels bestätigt
- In Frankreich und in den Niederlanden wurde per Volksabstimmung der Entwurf der EU-Verfassung zu Fall gebracht; demgegenüber gab es in Deutschland nur eine Zustimmung durch den Bundestag. Die Bürger blieben außen vor;
- In der Schweiz wurde 2005 mit einem klaren Votum von 56% die Personenfreizügigkeit gegenüber den jetzigen EU-Mitgliedern angenommen.

Damit öffnet die Schweiz ihren Arbeitsmarkt auch für Bürger aus den neuen mittel-und osteuropäischen Mitgliedstaaten der EU;

- Ebenfalls 2005 hat die Schweizer Bevölkerung sich mit 55% in einem Referendum für ein 5-jähriges Verbot genetisch veränderter Pflanzen ausgesprochen; damit wurde das Projekt der Volksinitiative „Für Lebensmittel aus gentechnikfreier Landwirtschaft" befürwortet.

Die Schweiz ist seit jeher (seit 170 Jahren) eine Hochburg der direkten Demokratie.

Wie sieht nun das Regelwerk für die direkte Demokratie im Einzelnen aus?

Von besonderem Interesse für uns ist die direkte Demokratie auf kommunaler Ebene. Es gelten Kommunalverfassungen, die zumeist in den 90er Jahren in erneuerter Fassung verabschiedet wurden. Initiativen zur Inanspruchnahme ihrer Möglichkeiten (vornehmlich Bürgerbegehren und Bürgerentscheid) können sowohl von den parlamentarischen Vertretungen (Bürgerschaft) ausgehen als auch von den Bürgern selbst. Um ein derartiges Vorhaben erfolgreich durchzustehen, sind eine Reihe von Hürden zu überwinden.

Ein Quorum - auch Qualifikationsquorum genannt (feststehende Zahl von Stimmberechtigten, die das Vorhaben befürworten)- erfordert eine Zustimmung von 4 bis 20% der Stimmberechtigten des jeweiligen Territoriums. In der Schweiz bewegen sich die Quoren in der Größenordnung ungefähr 2 bis 4%, ähnlich in den USA.

Die Initiatoren eines Projektes haben der jeweiligen parlamentarischen Vertretung einen Vorschlag zur Finanzierung einzureichen. Die Laufzeit für die Beschaffung der Quoren reicht von 14 Tagen bis zu einem halben Jahr. Weiter wird ein sog. Zustimmungsquorum verlangt, d.h. zusätzlich zum positiven Ergebnis einer Abstimmung ist die Einhaltung von 25 bis 50% aller Wahlberechtigten des betreffenden Territoriums nötig (z.B. MV 33%)

Aus diesen Fakten, meist Erschwernissen, wird deutlich, dass ein gewaltiger Kräfteeinsatz und Aufwand notwendig ist. Unabdingbar ergibt sich in vielen Fällen das Bestreben, Aktionsbündnisse zu schließen. Für Demokratie vor Ort, in der Gemeinde, gibt es noch eine Reihe weiterer nicht so exakt fixierter Formen der Bürgerbeteiligung. Genannt seien hier nur die Bürgerversammlung, die Bürgerbefragung, die Bürgerinitiative, Beiräte, Teilnahmemöglichkeit an Ausschussberatungen

Diese Instrumente der direkten Demokratie sind aber gegenüber dem Bürger entscheidend in ihrer Wirkung auf Beratung beschränkt. Entscheidungen werden von anderen getroffen. Trotzdem sollten diese Möglichkeiten mehr genutzt und auch weiter qualifiziert und ausgebaut werden, z.B. durch ein Mitspracherecht bei Ausschussberatungen. Das ist ein Feld, auf dem noch viel Arbeit zu leisten wäre.

Eine wichtige Voraussetzung für die Wirksamkeit aller Aktionen im Rahmen der direkten Demokratie ist die Transparenz auf der Gegenseite. Noch gibt es Beispiele, wo durch Geheimhaltung, Schweigegebot und Verhandlungen unter Ausschluss der Öffentlichkeit den Bürgern Sachverhalte vorenthalten werden. Auf diese Weise werden Abwehraktionen im Keime erstickt bzw. unmöglich gemacht.

Zu der Frage nach den „ Nebenwirkungen" :

Unabhängig vom Ergebnis des Bürgerentscheides hat das Praktizieren direkter Demokratie eine enorme Wirkung auf die Fähigkeiten und das politische Bildungsniveau der Bürgerinnen und Bürger. Die Quorenforderungen (zunächst unabhängig davon, ob deren Größenordnung notwendig ist) erfordern es, einen großen Teil der Bevölkerung mit den anstehenden Problemen vertraut zu machen. Alle, die bei einer solchen Sache involviert sind, werden sich mit dem Für und Wider des Problems befassen und auseinander setzen müssen. Nur so kam natürlich z.B. die Ablehnung der EU-Verfassung in Frankreich und in den Niederlanden zustande. Anspruchsvolle Volksentscheide, wie sie zuletzt in der Schweiz in der Frage der Arbeitsgenehmigung für Arbeitskräfte aus den Ostländern (positiv) oder zu der Frage der Behandlung gentechnischer Produkte (negativ), getroffen wurden, zeigen an, dass die Schweizer auf Grund ihrer längeren „Praxis" in Sachen direkter Demokratie sich ein politisches Wissen, einen hohen politischen Bildungsstand und ein ausgeprägtes politisches Verantwortungsbewusstsein erworben haben, wie es in der Welt kaum so zu finden ist. So entstehen ein fortwirkendes, reges politisches Interesse und insgesamt eine höhere Qualität von Demokratie. Hält man die Bürger aus diesem Prozess heraus, wie das in Deutschland mit der EU-Verfassung geschah, dann können solche Fortschritte im Bewusstsein der Menschen, wie sie die Schweiz aufzuweisen hat, nicht erzielt werden.

Diese Eigenschaften sind aber umso wichtiger, weil es über den einzelnen konkreten Fall direkter Demokratie hinaus heute immer mehr um einen grundlegenden Wandel der Wertestruktur der Gesellschaft geht. Die Idee der Selbstbestimmung nimmt so zunehmend Gestalt an. Minderung der Politikverdrossenheit und Abbau des Nichtwählerpotentials stellen sich ein. Aktivitäten direkter Demokratie leisten auch einen Beitrag dazu, den Geist des weit verbreiteten Gefühls der Alternativlosigkeit aufzubrechen und damit die Akzeptanz dafür zu wecken, dass es auch bessere Lösungen gibt. Abschließend dazu muss gesagt werden, dass sich diese beschriebenen Effekte in der Wandlung des Bewusstseins der Bürger natürlich auch durch die anderen noch existierenden Formen des Protestes und Widerspruchs einstellen.

Noch ein anderer Gedanke soll vorgetragen werden:

Aktionsbündnisse, wenn sie erst einmal existieren, könnten auch Anreize/Anregungen erbringen, dass zeitweilige Zusammenschlüsse von Organisationen als für unbegrenzte Zeit sinnvoll erkannt werden. Es ist ja leider so, dass insgesamt die Zivilgesellschaft aus einer Vielzahl von Einzelorganisationen besteht. Die Zersplitterung der Kräfte ist enorm, Wirksamkeit und Aktionsfähigkeit sind oft stark begrenzt (siehe Beispiel Wismar). Vielfach gibt es aber verwandte Thematiken, die für sich betrachtet sehr eng gefasst sind. Zur Demonstration dieses Sachverhaltes sei ein Beispiel genannt:

Drei Bürgerrechtsorganisationen mit relativ großen Schnittmengen sind:

- „Mehr Demokratie e.V." (zentrale Thematik: direkte Demokratie)
- „NDC"- Netzwerk Demokratie und Courage (zentrale Thematik: Verteidigung der Demokratie gegen Rechtsextremismus)
- „Komitee für Grundrechte und Demokratie" (zentrale Thematik: Abwehr des Abbaus liberaler und sozialer Menschenrechte)

Ähnliche Beispiele gibt es zuhauf. Würde nicht eine Fusion dieser einzelnen Organisationen einen erheblichen Synergieeffekt ergeben? Diesen Gedanken sollten wir weiter verfolgen.

Zum Schluss bleibt die Frage:

Welches Fazit ist zu ziehen? Was ist zu tun?

- Die Idee der Konzentration der Kräfte der Zivilgesellschaft in Aktionsbündnissen sollte durch weitere intensive Diskussion zum Allgemeingut aller Beteiligten werden,
- In erster Linie sollten Aktionsbündnisse in solchen Fällen angestrebt werden, wo die solidarische Unterstützung einer Organisation zur Realisierung einer Aktion aus der Thematik ihrer eigenen Ziel- und Aufgabenstellung erforderlich wird, weil die eigenen Kräfte dazu nicht ausreichen;
- Gemeinsames Anliegen von zivilgesellschaftlichen Partnern und Gegenstand von übergreifenden Aktionsbündnissen sollten Forderungen zur Qualifizierung und

zum weiteren Ausbau der direkten Demokratie sein. Dazu gehören : Unterstützung der Forderung nach Einführung von Volksbegehren und Volksentscheid auf Bundesebene, Aktivitäten zur Verringerung bzw. Beseitigung von Hürden und Erschwernissen in den Prozeduren der direkten Demokratie;

- Intensive Nutzung der Möglichkeiten der direkten Demokratie, auch vor allem der informellen wie Bürgerinitiativen, Bürgerversammlungen usw.;
- Auf- und Ausbau organisatorischer Zentren als Anlauf- und Koordinationspunkte zur Bildung und Formierung zeitweiliger Aktionsbündnisse
- Unabhängig von Aktionsbündnissen sollten die der Zivilgesellschaftzugehörigen Organisationen ständige Kontakte pflegen und ihre Erfahrungen untereinander austauschen;
- Die Effektivität und Schlagkraft der Zivilgesellschaft könnten erheblich verbessert werden, wenn sich Einzelorganisationen und verwandte Thematik zusammenschließen. Darüber sollte nachgedacht werden.

Januar 2006

Sprache und Zeitgeist

Jede Zeit bringt neue Wortschöpfungen hervor, die neu entstandene Sachverhalte charakterisieren und damit den Zeitgeist widerspiegeln. Was ist der Hintergrund solcher neuen Begriffe, welche Sachverhalte beschreiben sie, was soll man unter ihnen verstehen? Der Versuch einer Antwort auf solche Fragestellungen gewährt aufschlussreiche Einblicke in soziologische Vorgänge und Entwicklungen, was an einigen Beispielen deutlich gemacht werden soll:

Entführungsindustrie

In manchen Weltregionen waren Entführungen schon früher nichts Ungewöhnliches. Wenn z.B. einem Liebespaar vom Familienoberhaupt die Zustimmung zur Hochzeit verweigert wurde, erzwang man seinen Segen hin und wieder mit einer Entführung der Braut. Heute haben Entführungen Massencharakter angenommen, deshalb der Begriff- Industrie-, der für Massenfertigung oder massenhafte Dienstleistungen (z.B. „Tourismusindustrie") steht. Mit dem Globalisierungsprozess sind in jüngster Zeit weltweit krisenhafte Entwicklungen und wirtschaftliche Ausweglosigkeit verbunden, was manche Menschen auf obskure Lösungen verfallen lassen, um einen Ausweg aus ihrer prekären Lage zu suchen. Während früher Entführungen vor allem lokale Erscheinungen waren, die sich zwischen Familien oder Stämmen abspielten, sind sie heute internationalisiert.

Mit der Entführungsindustrie wird das staatliche Gewaltmonopol unterlaufen, entwertet und zugleich privatisiert. Der Mensch wird mit der Entführung zum Handelsobjekt und damit zur Ware degradiert. So folgt diese neue „Industrie" dem neoliberalen Trend, auch die letzten Objekte der menschlichen Gesellschaft zur Ware zu machen, wie das mit Gesundheit, Bildung und weiteren lebensnotwendigen Erfordernissen der Menschen schon seit längerem zum neoliberalen Repertoire gehört. Der Begriff Entführungsindustrie verdeckt zudem den kriminellen Charakter der Unternehmung und diskriminiert die normalen Industrien. Um ihn wieder verschwinden zu lassen, gilt es, überall die Menschenrechte durchzusetzen.

Gesundheitsprämie

Im Fremdwörterbuch wird Prämie als ein Mittel zur Anerkennung besonderer Leistungen beschrieben; so war uns dieser Ausdruck in der DDR geläufig. Unter Gesundheitsprämie könnte man sich also eine Würdigung besonderer Leistungen zur Erhaltung und Förderung der Gesundheit der Bürgerinnen und Bürger vorstellen. Dieser Gedankengang führt jedoch in die Irre. Ganz im Gegenteil versteht man unter Gesundheitsprämie heute eine finanzielle Forderung an die Versicherten der Krankenkassen. Warum also Gesundheitsprämie?

Soll der Charakter dieses Vorgangs verharmlost, verschleiert und den Menschen schmackhafter gemacht werden? Oder ist es einfach ein sprachlicher Missbrauch, der die Bedeutung des Wortes auf den Kopf gestellt?

Was ist die Gesundheitsprämie wirklich? Entspricht sie dem solidarischen Grundsatz, wonach alle Bürgerinnen und Bürger sich entsprechend ihrer finanziellen Potenz an der gesundheitlichen Vorsorge beteiligen? Das ist sie mitnichten.

Also: Begriff und Sache sind untauglich und sollten aus dem Sprachgebrauch verbannt werden.

Entlassungsproduktivität

Produktivität ist das Verhältnis von Ergebnis und Aufwand. Das Ergebnis steht im Zähler, der Aufwand im Nenner. Beides lässt sich in Euro angeben. Je mehr ich den Aufwand reduziere, umso besser das Ergebnis. Wird der Lohnaufwand reduziert, werden Arbeitskräfte entlassen, steigt der Profit. Konkurrenz zwingt zur Rationalisierung, d.h. zur Entlassung von Arbeitskräften - eine einfache Rechnung

Und zugleich ein Teufelskreis, wie er im heutigen Neoliberalismus an der Tagesordnung ist. Dieser Teufelskreis mit seiner Missachtung von Menschenschicksalen führt zu diesem Ausdruck Entlassungsproduktivität- der reine Zynismus und doch Spielregel für Großkonzerne. Anstatt solcher menschenfeindlichen Empfehlungen sollte vielleicht einmal darüber nachgedacht werden, die Arbeitsplätze durch Reduzierung der Arbeitszeit bei Lohnausgleich zu erhalten.

Humankapital

In der zweiten Hälfte des 20. Jahrhunderts wurde dieser Begriff von amerikanischen Wissenschaftlern „entdeckt" und zur Theorie des Humankapitals ausgebaut. Th. W. Schultz erhielt dafür 1979 den Nobelpreis für Ökonomie. Eben dieser hatte jedoch Bedenken, den Ausdruck zu verwenden, weil er an das System der Sklaverei in den USA erinnerte. Heute sind die Bedenken oder Vorbehalte noch konkreter, allein schon, wenn wir feststellen, wie sich Humankapital in die Kategorie Kapital einordnet.

Wir kennen u. a.

- Unternehmenskapital (Erwerbskapital, Geldkapital), für Investitionen verfügbar
- Realkapital (Produktivkapital) in Form von Produktionsanlagen u. dergl.
- Finanzkapital (Monopolkapital) zur Steuerung und Beherrschung der ökonomischen Sphäre und für Handel und Spekulation mit Finanzmitteln
- Humankapital im Sinne der optimalen Verwertung der menschlichen Arbeitskraft und Kreativität zur Ökonomisierung und Gewinnproduktion

Das Gemeinsame der Begriffe dieser Kategorie Kapital ist die Funktion, Gewinne zu erzielen. Alles wird mit Geld gemessen, alles sind Sachen, Waren und so wird auch Humankapital diese Bedeutung zugesprochen. Diese funktionelle Gleichstellung lässt aber auch Gedanken an eine Abwertung bzw. Entwürdigung des Menschen aufkommen. Dabei bleibt es aber nicht. Die Theorie des Humankapitals verlangt Konsequenzen. Bildung ist gefragt. Nicht irgendeine, sondern eine, die sich rechnet, Bildungsaktivitäten werden dem Kriterium des Aufwand-Effekt-Vergleichs unterworfen. Der Sinn von Humankapital - der Mensch als Gewinnproduzent- wird durch diesen Begriff der Gesellschaft erst recht bewusst gemacht. Der Mensch wird so mehr als gewinnbringender Faktor gesehen.

Schlussfolgerungen daraus sind z.B. MBA-Programme (MBA = Master of Business Administration), also auf Deutsch: Hochschulausbildung für Management. Diese Richtung gab es in Deutschland 1996 an ca. 40 Einrichtungen; 2004 waren es bereits rund 150. Anliegen dieser Ausbildung ist eine ökonomische Elite, die höchste Effektivität im Management und damit optimale Gewinne realisiert. Neben diese MBA-Super-Elite gibt es die große Masse der „Normal-Arbeiter". Für diese forderte schon 1995 eine Veröffentlichung der Weltbankmissionare für das Bildungswesen: „Es muss die wachsende Nachfrage der Ökonomien für anpassungsfähige Arbeiter…sowie die kontinuierliche Expansion des Wissens" befriedigen. Anpassungsfähig heißt: Flexibilität, Mobilität, Einverständnis mit mäßigen bis niedrigen Löhnen (Niedriglohnsektor), Inkaufnahme möglicher Kündigung, Unterdrückung von Krankheiten (noch nie gab es in Deutschland so wenige Krankschreibungen wie jetzt). Insgesamt resultieren daraus ständige Unsicherheit und Angst vor Verlust des Arbeitsplatzes. Dann gibt es noch die große Gruppe der Arbeitslosen (ca. 5 Mio.). Das ist insofern Humankapital, als es als Reservearmee fungiert, für Ausfälle von

Arbeitskräften bereitsteht und zugleich auch dazu beiträgt, die Löhne auf niedrigem Niveau zu halten. Außerdem bedeutet Arbeitslosigkeit ein widersinniges Brachliegen eines riesigen Potentials an Kreativität und Begabungen. Nicht mehr zum Humankapital können wir die vielen „Überflüssigen" rechnen, die keinen Beitrag mehr zur Gewinnproduktion leisten. Sie fristen ihr Leben als Selbstversorger in der sog. Subsistenzwirtschaft. In Afrika u. a. Regionen der Entwicklungsländer sind sie stark vertreten, auch Russland kann viele davon aufweisen.

Das Bildungswesen insgesamt unterliegt unter dem Aspekt Humankapital besonderen Tendenzen wie z.B.

- Abbau von Geisteswissenschaften an den Universitäten (da sie oft keinen unmittelbaren monetären Nutzen abwerfen);
- Veränderungen in den Bildungsinhalten. Weniger gefragt sind humanistische, altphilologische und dergl. Fachgebiete. Das Menschenbild der Aufklärung wird allmählich verdrängt;
-Aufblähung der wirtschaftswissenschaftlichen Gebiete

Alle diese Entwicklungen verändern die Gesellschaft negativ. Prekäre Lebenssituationen sind an der Tagesordnung. Individualismus nimmt weiter zu (Ich - AG, Singles), Auflösung der Familie führt zu menschlichen Tragödien. Der systematische Abbau der sozialen Sicherungssysteme gehört auch in den Kontext Humankapital, Triebkräfte, die letztlich diese Erscheinungen bewirken, sind die dem System eigene Konkurrenz in allen Facetten und das damit korrespondierende Streben nach Mehr-Gewinn. Von diesen Überlegungen ließ sich vermutlich auch die Jury der „Gesellschaft für deutsche Sprache" leiten, als sie den Ausdruck Humankapital zum Unwort des Jahres 2004 wählte. Das Thema Humankapital wäre unvollkommen behandelt, sollten keine Aussagen über die andere Seite der Medaille folgen. Noch ist der Mensch nicht nur Humankapital geworden Die Gegenkräfte machen mobil. Viele Errungenschaften sind der Kreativität der Menschen zu verdanken, denken wir an den Fortschritt in der Medizin, an die Leistungen der Kunst, Kultur und Wissenschaft. Und dabei ging und geht es primär um die Sache und nicht um das Geld.

Für Menschenrechte und Menschenwürde setzen sich heute viele Frauen und Männer auf der ganzen Welt ein. Sie wollen Frieden und Freundschaft unter den Menschen des Erdballs. Solidarität, Gemeinsinn, Verantwortung für das Wohlergehen aller Menschen und der Natur prägen das Weltbild der Zukunft.

Leitkultur

Dieser Begriff wurde vor etwa einem Jahrzehnt geprägt. Anlass dazu waren die Probleme, die sich im Laufe der Zeit im Zusammenhang mit der Integration von Ausländern ergeben hatten. Es war nicht recht gelungen, deren Aufnahme und Eingewöhnung in die deutschen Verhältnisse zu bewältigen. Dies wird auch durch die unglückliche Idee bestätigt, als Kriterium für deren Einbürgerung einen Wissenstest mit 100 Fragen zu Deutschland heranzuziehen – eine Aktivität, die jedes Gespür für die tatsächliche Problematik vermissen lässt.

Die Leitkultur sollte eine Art Kompass darstellen, der die Erwartungen des Staates an die zu Integrierenden anzeigt. Kernelemente dieser Leitkultur sollten vor allem die Beherrschung der deutschen Sprache und gesellschaftlich relevante ethische Werte sein. Welche Werte das sein sollen, war und ist umstritten. Die Frage, ob der Begriff der Leitkultur überhaupt geeignet ist, den gesellschaftlichen Prozess des Zusammenwachsens zu fördern, ist umstritten. Ihm haftet ein Anklang von ab- und Ausgrenzung, ein nationalistischer Unterton an. Das ist besonders in Hinsicht auf die europäische Integration durchaus problematisch, die ja nicht lediglich auf die Stärkung der ökonomischen Potenzen, sondern auch auf wachsende Gemeinsamkeit der Menschen ausgerichtet ist, wie aus dem Entwurf der EU-Verfassung zu ersehen ist, in dem es heißt. „Die Werte, auf die sich die Union gründet, sind die Achtung der Menschenwürde, Freiheit, Demokratie, Gleichheit, Rechtsstaatlichkeit und die Wahrung der Menschenrechte."

Zugleich befinden wir uns auch im Prozess der Globalisierung. Auch dabei geht es nicht nur um die Wirtschaft, sondern Menschenrechte, Lebensbedingungen und menschliche Beziehungen spielen eine Rolle. Die von der UNO 1948 verabschiedete „Allgemeine Erklärung der Menschenrechte" beschreibt sehr konkret die Werte, die für alle Menschen gelten sollen: Menschenwürde, Diskriminierungsverbot, Verbot von Sklaverei und Folter. Implizit erfasst sind damit Friedensliebe, Widerstandswille gegen Rassismus und Antisemitismus sowie sonstige menschenfeindliche Bestrebungen. Demgegenüber könnte Leitkultur als eine Art „ geistiger Zollschranke" wirken.

Der universelle Charakter der Werte in beiden Dokumenten gibt allen Menschen weltweit verbindliche, akzeptable und nachvollziehbare Anhaltspunkte für ihr Verhalten; es bedarf daher keiner zusätzlichen „Leitkultur". Für uns gilt das „Grundgesetz der Bundesrepublik Deutschland". Die darin benannten Grundrechte in GG Art. 1 bis 5 stimmen prinzipiell mit denen der EU-Verfassung überein, sind jedoch noch detaillierter ausgeführt und sind ein drittes Dokument mit gleichem Grundtenor. Wie sollte wohl eine Leitkultur beschaffen sein, um die darin festgeschriebenen Werte noch zu übertreffen?

Ein anderes Problem ist es, den in den genannten Dokumenten enthaltenen Werten überall Geltung zu verschaffen. Die Kluft zwischen Theorie und Praxis ist nicht zu übersehen. Auch in Deutschland gibt es noch solche Defizite. Nehmen wir ein Beispiel aus dem Alltag. Da begründet die Familienministerin ein sog. „Bündnis für Erziehung" mit den christlichen Kirchen und ignoriert dabei rund ein Drittel der deutschen Bevölkerung. Die staatliche Ordnung der BRD beruht aber auf der Trennung von Kirche und Staat. Im Grundgesetz ist die Gleichheit von Religionen und anderen weltanschaulichen Positionen festgeschrieben.

Der Jahrhunderte während Prozess der Säkularisierung ist offenbar noch nicht überall verinnerlicht worden. Sogar für ein Regierungsmitglied trifft das zu.

Als zweites Beispiel sei die Gleichberechtigung von Mann und Frau genannt. Formal und theoretisch ist sie anerkannt, in der Praxis gibt es immer noch Probleme – ein Dauerthema. Weitere Theorie-Praxis-Differenzen lassen sich leicht finden.

Wie steht es z.B. um die Realisierung des Verfassungsgrundsatzes „Eigentum verpflichtet", also einer Aufforderung zu sozialem Verhalten? Was nützt da eine „Leitkultur", wenn Arm und Reich immer weiter auseinander driften?

Besser als eine „Leitkultur" sind Bemühungen der Politik um die soziale Sicherheit aller Menschen. Noch sind diesbezügliche Erfolge nicht wahrnehmbar. Hier wäre verstärkt anzusetzen, ehe über Leitkultur philosophiert wird.

Freihandel

Anfang des 19. Jahrhunderts, in der Anfangsphase der industriellen Revolution, entwickelte der britische Nationalökonom David Ricardo (1772-1823) die Lehre vom Freihandel, die auf internationaler Arbeitsteilung beruht und daraus Vorteile für die Beteiligten versprach. Seine Theorie wird noch heute in der Welt bemüht. Auch die zunächst abgelehnte EU-Verfassung bekennt sich zum „freien Verkehr von Personen, Dienstleistungen, Waren und Kapital" und gesteht zu, dass „vorübergehende Ausnahmeregelungen" auf Grund des unterschiedlichen Entwicklungsstands der Mitgliedsländer ermöglicht werden sollen (Artikel III-130-(2)). Die Theorie, die seit Ricardo von liberalen und heutzutage von den Neoliberalen propagiert wird, ist stark umstritten. Den harten Tatsachen der Realität ausgesetzt, erweist sie sich als widersprüchlich. Die vorherrschende Tendenz in der Weltwirtschaft, dass reiche und arme Regionen immer weiter auseinanderdriften, konnte sie bisher nicht entgegen wirken. Fast noch zu Lebzeiten Ricardos ignorierten die Briten seine Ideen, indem sie ihre Kolonie Indien als Rohstofflieferant und als Absatzmarkt (besonders für Tuche) ausbeuteten und dabei die eigenständige indische Textilfertigung ausschalteten. Solche „Nebenwirkungen" sind charakteristisch für derartige Marktokkupationen. So geschehen auch anlässlich des Anschlusses der DDR an die BRD. Industrie, Handel und Dienstleistungen wurden durch westdeutsche Banken, Discounter usw. übernommen. Auch anderswo gibt es ähnliche Vorhaben. In Peru befürchtet der jetzige Präsidentschaftskandidat Humala: „ Die Industriestaaten haben ja die Technik, das Kapital, die großen Firmen, die es ihnen ermöglichen, in unsere Märkte einzudringen. Unsere Industriebetriebe werden in den Ruin getrieben". Ungleichheit der wirtschaftlichen Entwicklung ist dem herrschenden System eigen. Sie resultiert aus Konkurrenz und weiteren unterschiedlichen Existenzbedingungen. Besonders deutlich zeigt sich das in der Überlegenheit der Industrieländer (G8 u.a.). Drei Momente sind bestimmend:

- Der Vorsprung auf technologischem Gebiet beruht historisch auf dem permanenten technischen Fortschritt von der ersten bis zur dritten industriellen Revolution. Eine hohe Produktivität ist dafür bezeichnend.
- Die technologische Potenz produziert hohe finanzielle Gewinne und stärkt damit die Finanzkraft der Industriestaaten. Investitionen, Kapitalexport, Subventionen, Kredite usw. fußen darauf.
- Auch die militärische Stärke spielt eine Rolle wie z.B. bei der Sicherung bestimmter wirtschaftlicher Positionen. Diese Vorrangstellung begünstigt die Handelsaktivitäten der Industriestaaten in erheblichem Maße. Und trotzdem gibt es außerdem noch protektionistische Vorkehrungen gegen die übrige Welt, speziell den Entwicklungsländern, die deren Export behindern. Schutzzölle, Subventionen (Agrarsektor, Schiffbau), Kontingentabsprachen (Beispiel: BRD - China: Begrenzung der Textileinfuhr in die BRD) sind die direkte protektionistische Handlungsweisen. So erklärt sich, dass z.B. Schwarzafrika (Sub - Sahara-Afrika) nur mit 1,-2 % am Weltexporthandel beteiligt ist. Zollschranken der Industrieländer reduzieren den Export der Entwicklungslander um fast 20 %. Im Extremfall werden Wirtschafts- bzw. Handelsaktivitäten mittels Einsatz von Gewalt „reguliert". Im Irakkrieg ging es u. a. auch darum, „die amerikanische Vorherrschaft am Persischen Golf beizubehalten und dadurch die Richtung, in die das Öl weltweit fließt, weiter zu kontrollieren" (Abrüstungsexperte Michael Klare). Weitere Beispiele dazu beschreibt Naomi Klein in ihrem Buch „Über Zäune und Mauern". Die wirtschaftlichen Verhältnisse der Entwicklungsländer

sind nicht geeignet, dieser Übermacht der Industriestaaten und ihrer Blockade etwas Wirkungsvolles entgegenzusetzen. Nur in Stichworten seien einige Faktoren benannt, die die Handelstätigkeit von Entwicklungsländern außerdem noch negativ beeinflussen: der Ronstoffpreisverfall, die Korruption, die ungenügende Entwicklungshilfe, Kapitalmangel (behindert Investitionen, Nutzung von Subventionen usw.), die Schuldenkrise und der damit verbundene Schuldendienst (der bis zu 30 % des BSP beansprucht) usw. Aber auch innerhalb gleich gearteter Staaten bzw. Staatengruppen (sog. Freihandelszonen) gibt es weitere Faktoren, die die Austauschverhältnisse bewegen, sog. indirekte protektionistische Vorgänge. Dazu gehören: der enorm fortschreitende Konzentrationsprozess durch Fusionen großer Unternehmen, die Sicherung von Monopolpositionen durch Patentierung von Erfindungen und anderes mehr. Als Resümee ergibt sich: Freihandel befindet sich im Widerspruch zur herrschenden Ungleichheit, der dominierenden Konkurrenz und damit zu Grundeigenschaften des Systems. Die Forderung der reichen Nationen, ihnen die Märkte der Entwicklungsländer zu öffnen bei gleichzeitiger Abschottung der eigenen erweist sich als Doppelmoral oder Heuchelei. Freihandel ist eine idealistische Formel, die dem herrschenden Wirtschaftssystem fremd ist und nur als Verlockungslosung dienen kann. Freihandel könnte nur dort existieren, wo gleiche Existenzbedingungen und Chancengleichheit vorhanden wären; aber einen solchen Zustand gibt es nirgends in der Welt.

Reichensteuer

Diese Wortschöpfung sollte künftig in Anführungsstrichen verwendet werden, denn sie ist in mehrfacher Hinsicht fragwürdig.

Zu den Fakten: Unter „Reichensteuer" wird eine Erhöhung der Einkommenssteuer für Spitzenverdiener verstanden; sie greift, sofern das Jahreseinkommen bei Einzelpersonen 250 000 Euro bei Ehepaaren das Doppelte übersteigt. Beispiel: Ein Ehepaar hat ein Einkommen von 600 Tsd. Euro im Jahr. Dann wird Einkommenssteuer für 500 Tsd. Euro wie bisher mit einem Steuersatz von 42 % erhoben. Lediglich für die Differenz von 100 Tsd. Euro gilt der um 3 % erhöhte Steuersatz von 45 %; die zusätzliche Steuerbelastung für unseren angenommenen Fall schlägt also mit 3000 Euro zu Buche Das ist eine kaum fühlbare Einbuße bei einem solchen Einkommen. Das geschätzte jährliche Volumen des Steuerzuwachses wird mit 300 Mio. Euro angegeben. Bei einem Gesamtsteueraufkommen von etwa 900 Mrd. Euro ist das ein verschwindend kleiner Betrag, der kaum der Erwähnung wert ist und noch weniger eine gerichtliche Auseinandersetzung wegen Ungleichbehandlung von Privatpersonen und

Unternehmen rechtfertigt. Außerdem ist festzustellen, dass unter Kohl bis 1998 ein um 11 % höherer Spitzensteuersatz für die Einkommenssteuer galt. Noch 1990 erbrachte die Einkommenssteuer 36,5 Mrd. DM, 2003 waren es nur noch 8,6 Mrd. Daraus wird ersichtlich, dass auch mit der sog. Reichensteuer ein Rückstand von 8 %-Punkten gegenüber der Kohl-Ära besteht. Es ist demagogisch, die „Reichensteuer" als einen Akt sozialer Gerechtigkeit zu preisen; an der ungerechten Besteuerung wurden nur kosmetische Veränderungen vorgenommen. Den Bürgern soll so suggeriert werden, dass auch die Reichen zur Behebung der finanziellen Misere des Landes herangezogen werden. Die Fakten sprechen eine andere Sprache. Da hilft es auch nicht, diese Veränderung ausdrücklich als „Reichensteuer" zu deklarieren, damit der Anschein erweckt wird, die Regierung sorge sich um soziale Gerechtigkeit im Lande.

Während andere Steuerarten bisher nach ihrer sachlichen Quelle gewissermaßen neutral benannt wurden, wie z.B. Grund-, Wohn-, Kfz- u. a. Steuern, wird hier bewusst der betroffene Personenkreis benannt. „Reichensteuer" bedeutet eine bewusste ideologische Betrachtung dieses Wortgebildes.

Zugleich handelt es sich um eine Spekulation auf die Unkenntnis der Bürger über die oben genannten Fakten. Und Stückwerk ist die „Reichensteuer" obendrein, Fragment, kleiner Schritt- die Reaktivierung der alten Steuersätze der Vermögenssteuer hätte eine ergiebigere Lösung abgegeben. Fazit also: „Reichensteuer" ist Symbolpolitik für eine Mogelpackung.

Raubtierkapitalismus

Die extremen Auswüchse des Neoliberalismus als der derzeitigen Etappe des Kapitalismus (z.B. solche wie jetzt (Juni 2006): Allianz (Versicherungs-Banken-Konzern): mehrere Milliarden Gewinn und gleichzeitig an die zehntausend Beschäftigte von Entlassung bedroht) und die generelle Armut weltweit mit deren Folgen. Verelendung, Hunger, Verzweiflung lassen es verständlich erscheinen, diesen Begriff Raubtierkapitalismus zu kreieren. Und so findet er sich in der kritischen Auseinandersetzung in Literatur und Medien immer öfter. Auch Jean Ziegler benutzt in seinem Buch „Die neuen Herrscher der Welt und ihre globalen Widersacher" den Begriff „Raubtierordnung" zur Charakterisierung der gesellschaftlichen Verhältnisse in der Welt. In einem Beitrag in der „Financial Times Deutschland" vom 15.06.2006 mit der Überschrift „Deutsche Raubtiere" heißt es: „Die Schlacht von Merck und Bayer um Schering zeichnet ein Bild, das mit dem tradierten der Deutschland AG nichts mehr gemein hat. Man konnte es als Raubtierkapitalismus beschreiben: rücksichtslos, hungrig, blutig, angemessener ist eine rationalere Sicht: Deutsche Firmen haben die Spielregeln des internationalen Finanzmarktes verstanden und spielen ganz vorne mit."

Diese Metapher ist wie viele andere oft auch problematisch. Zweifellos verspricht sie auf dem ersten Blick eine drastisch durchschlagende Wirkung abzugeben. Sie bringt den Kontrast vergangener Zeit der 50er bis 70er Jahre des sog. rheinischen Kapitalismus anschaulich zum Ausdruck. Insofern ist sie recht nützlich und dieser Wert soll auch nicht in Frage gestellt werden.

Aber wird diese Verteufelung des Raubtieres in ihrer Identifikation mit dem Kapitalismus dem Wesen des Raubtiers gerecht? Wohl kaum! Der bekannte Zoologe Grzimek wird in dem Buch „Die schwarze Sonne Afrikas" (S. 186) mit dem Satz zitiert: „Es gibt Millionen von Menschen, welche die Tiere wie ich als eine Art von Brüder ansehen, wenn auch Brüder mit Krallen." Versuchen wir dem Kern der Problematik näher zu kommen.

Kapitalismus gehorcht strukturellen Gesetzmäßigkeiten und wird von Menschen praktiziert. Der Mensch ist ein denkendes Wesen. Er erkennt die Möglichkeiten von Optionen und trägt damit Verantwortung für das Geschehen, an dem er mitwirkt.

Das Tier folgt seinem angeborenen Instinkten und erworbenen Gewohnheiten (Nahrungssicherung, Schutz- und Verteidigungsfunktion, Nachwuchsgewährleistung, Anpassungsfähigkeit usw.). Dabei ist wichtig und besonders hervorzuheben, dass die instinktiven Aktivitäten von Raubtieren lokal sehr begrenzt sind und quantitativ ebenso enge Spielräume aufweisen. Dagegen sind die dem Kapitalismus (besonders dem Finanzkapitalismus) zugeschriebenen Handlungen global und quantitativ begrenzt. Die Unterschiede sind offensichtlich und sprechen gegen eine Begriffskopplung. Demgegenüber gibt der Begriff Raubtier durchaus einen realen Sachverhalt wieder.

Die Feststellung zur Frage des Instinktes wurde bereits in der Mitte des 19. Jahrhunderts von Charles Darwin in der von ihm erarbeiteten Evolutionstheorie publiziert. Er äußerte sich dazu u. a. dass Handlungen von jungen Tieren vollkommen ohne Erfahrung ausgeführt werden, dass aber (zitiert nach Pierre Hübner) „ein klein wenig Urteilskraft oder Verstand meist mit im Spiele sind, selbst bei Tieren, die auf der Stufenleiter des Lebens sehr tief stehen." (Darwin; „Die Entstehung der Arten"; S. 338) Auch daraus ist erkennbar, dass keine Berechtigung besteht, Eigenheiten des modernen Kapitalismus mit denen von Raubtieren zu identifizieren.

Bestenfalls könnte man von einseitig überbewerteten einzelnen Aspekten sprechen. Andererseits kann vielleicht mancher Tierfreund in dieser Begriffskombination sogar eine

Beleidigung der Tiere sehen. Eine etwa gleiche Argumentation kann man auch für die von Müntefering zitierten „Heuschrecken" geltend machen.

Eine prinzipiell andere Sicht der Problematik ergibt sich aus der Position, die Ursachen der unsäglichen Folgen der kapitalistisch neoliberalen Wirtschaftsunordnung subjektiv zuzuordnen. Werden Tiere oder deren eigentlichen „Hintermänner" die Menschen (Manager) in dieser Rolle gesehen, dann kann das als eine populistische Subjektivierung der Sachverhalte im Sinne einer „verkürzten Kapitalismuskritik" (Robert Kurz) gewertet werden. Solche Positionen zeigen sich u. a. darin, dass die Verantwortung für die herrschenden Zustände „Spekulanten", „Parasiten", „Finanzhaien" und dergleichen Unpersonen zugeschrieben wird.

Solche kritische Position, die nebenbei gesagt geeignet ist, eine Neiddiskussion zu fördern, geht am Wesen der Sache vorbei. Tiefgründigere Erkenntnisse dazu stellt Robert Kurz u. a. in seinem Buch „Das Weltkapital" dar.

Es sind die strukturellen Tendenzen des Kapitals, die seine Dynamik bestimmen. Vor allem die Konkurrenz ist die entscheidende Triebkraft im System Produktivkraftentwicklung, Akkumulation und Profit. „Raubtierkapitalismus" soll heißen: Ausdehnung der Konkurrenz auf alle Lebensbereiche – auch die der Daseinfürsorge: Gesundheitswesen, Bildung, Wasserversorgung usw. Privatisierung dieser Bereiche eröffnet die Möglichkeiten Konkurrenz zu praktizieren. Die Menschen sind dabei die Leittragenden. Zugleich sind sie auch Akteure und Getriebene. Diese Position nehmen sie auch noch an, wenn sie erwarten, dass „es der Markt schon richten wird". Bleibt offen, für „Raubtierkapitalismus" einen anderen adäquaten Begriff zu finden, ein Ausdruck, der eine realistischere Metapher abgibt und der strukturellen Charakter des kapitalistischen Systems aufzeigt. Gelingt das nicht, dann bleiben wir beim Begriff „Raubtierkapitalismus". Setzen wir auf die Kraft des Wortes.

2006

EU-Verfassungsvertrag

Die neoliberale Wirtschaftsverfassung

Die Aussagen dazu finden sich in dem „Vertrag über eine Verfassung für Europa" speziell in der Präambel, im Teil I, Titel I.:

„Definition und Ziele der Union" und im Teil III, Titel III: „ Innere Politikbereiche und Maßnahmen".

Veröffentlicht ist der Vertrag u. a. durch die Publikation von Lenz-Borchardt: „ Vertrag über eine Verfassung für Europa" (Einführungs-Text der Verfassung - Protokolle und Erklärungen); erschienen im Bundesanzeigerverlag. Auf diese Veröffentlichung beziehen sich die im Folgenden angegebenen Seitenzahlen zu den Zitaten. Um den neoliberalen Charakter des Wirtschaftsteiles des Vertrages zu verdeutlichen, sollen zunächst eine Reihe von Zitaten aus dem Vertrag vorgestellt werden. Dabei ist die Notwendigkeit der Beschränkung auf das Wesentliche berücksichtigt worden, d.h. es ging um die Auswahl der tragenden Grundgedanken aus dem Vertragswerk:

In der Präambel heißt es im ersten Absatz (S.65):

„In der Überzeugung, dass ein nach schmerzlichen Erfahrungen nun mehr geeinigtes Europa auf dem Weg der Zivilisation, des Fortschritts und des Wohlstands zum Wohl aller seiner Bewohner, auch der Schwächsten und Ärmsten weiter voran schreiten will...."

Im Teil I, Titel I: „Definition und Ziele der Union" sind im Artikel I-3: „ Die Ziele der Union" benannt: u.a. gilt (2) (S.66)

„ Die Union bietet ihren Bürgerinnen und Bürgern einen Raum der Freiheit, der Sicherheit und des Rechts ohne Binnengrenzen und einen Binnenmarkt mit freiem unverfälschtem Wettbewerb"

(3) „Die Union wirkt auf die nachhaltige Entwicklung Europas auf der Grundlage eines ausgewogenen Wirtschaftswachstums und von Preisstabilität, eine in hohem Maß wettbewerbsfähige soziale Marktwirtschaft....."

Artikel 1-4 (S.67)

„Grundfreiheiten und Nichtdiskriminierung"

(1) „Der freie Personen-, Dienstleistung-, Waren- und Kapitalverkehr, sowie die Niederlassungsfreiheit werden... innerhalb der Union gewährleistet."

Soweit die Präambel. Die folgenden Zitate aus dem Teil III zeigen bereits gravierende Abweichungen gegenüber den in der Präambel fixierten Zielen und Vorstellungen. Sie stammen aus Vorlaufverträgen (vor allem dem Vertrag von Nizza), die in den Verfassungsvertrag übernommen wurden.

Artikel III- 15g (S 132)

Abschnitt 4: „ Der Kapital und Zahlungsverkehr"

Im Rahmen dieses Abschnitts sind Beschränkungen des Kapital- und des Zahlungsverkehrs zwischen den Mitgliedstaaten sowie zwischen den Mitgliedstaaten und Drittländern verboten.

Artikel III-177 und 178 (S.144)

Kapitel II: Wirtschafts- und Währungspolitik

Artikel III-177

„die Tätigkeit der Mitgliedstaaten…umfasst die Einführung einer Wirtschaftspolitik, die…dem Grundsatz einer offenen Marktwirtschaft mit freiem Wettbewerb verpflichtet ist".

Abschnitt 1 : Wirtschaftspolitik

Artikel III-178:

„Die Mitgliedstaaten richten ihre Wirtschaftspolitik so aus, dass sie…zur Verwirklichung der Ziele der Union beitragen. Die Mitgliedstaaten…handeln im Einklang mit dem Grundsatz einer offenen Marktwirtschaft mit freiem Wettbewerb…"

Artikel III-185 (Seite 150/151)

Abschnitt 2- Währungspolitik (1) „…Das europäische System der Zentralbanken handelt im Einklang mit dem Grundsatz einer offenen Marktwirtschaft mit freiem Wettbewerb…" Soweit die Zitate aus dem Originaltext des Vertrages. Das Wort sozial kommt im Teil III nicht mehr vor!

Wie sind diese Richtlinien zur Wirtschaftspolitik zu bewerten?

Ein Gesamtüberblick zeigt, dass die getroffenen Festlegungen eine Fortschreibung der derzeitigen neoliberalen Wirtschaftspolitik mit entschieden stärkerer Privilegierung der kapitalkräftigen Unternehmen darstellen. Den wirtschaftspolitischen Teil des EU-Verfassungsvertrages kann man deshalb ohne weiteres als ein Dokument des neoliberalen Zeitgeistes bezeichnen. An dieser Stelle erscheint es sinnvoll, zunächst den Begriff Neoliberalismus zu definieren.

Wir verstehen darunter eine Phase oder Entwicklungsetappe des Kapitalismus mit spezifischen Merkmalen:

- Das Akkumulationsregieme, also sie Art und Weise der Kapitalhäufung für Investitionen, des Neoliberalismus ist gekennzeichnet durch die Abschwächung der Mehrwertproduktion und der Finanzengewinnung aus der Demontage der sozialen Sicherungssysteme und der

Gewinnabschöpfung über die Privatisierung bisher staatlicher Einrichtungen, auch solcher der Daseinsfürsorge und weiterer Quellen

- Das Streben nach Gewinnmaximierung der Unternehmen ist extrem ausgeprägt und dient vorzugsweise der Bedienung der Aktionäre (shareholder value).

- Im Zuge der intensiveren Globalisierung spielen internationale Finanztransaktionen insbesondere Spekulationsgeschäfte eine besondere Rolle. Diese Geschäfte erfolgen losgelöst von jeglicher produktiven Sphäre.

- weltweit wächst die Diskrepanz zwischen Arm und Reich.

- Schließlich ist kennzeichnend das Bestreben, die Wirtschaft von allen „Hemmnissen" zu befreien, die mit einer „offenen Marktwirtschaft mit freiem Wettbewerb" (s. o.) entgegenstehen.

Nun zu dem Vertragswerk: In dem Teil III dominieren die Begriffe „offene Marktwirtschaft" und „freier und unverfälschter Wettbewerb". In der Praxis bedeutet das die brutale Konkurrenz, Grundmotiv und Haupttriebkraft im Kapitalismus.

Welche Vorstellungen, Forderungen und Möglichkeiten verbergen sich hinter der Aufgabenstellung „freier und unverfälschter Wettbewerb"?

Zuerst zu nennen sind die Methoden des betriebswirtschaftlichen Instrumentariums, also Rationalisierung, Arbeitsplatzabbau, technologische Effizienz, Strukturierung, Fusionierung usw.. Aber vor allem geht es auch um die äußeren Gegebenheiten (Rahmenbedingungen). Forderungen diesbezüglich sind „Steuerreform" sprich Steuersenkungen-, „weniger Staat" (das korrespondiert mit Privatisierung von Bildung usw.) Forderungen nach Abbau der Lohnnebenkosten d.h. die Aufhebung der Beteiligung der Unternehmen an der Finanzierung der sozialen Sicherungssysteme, (Renten, Arbeitslosenversicherung, Kranken- und Pflegeversicherung). Dieser Abbau ist schon weit vorangeschritten. An die Stelle der paritätischen Verteilung dieser Kosten soll mehr und mehr die „Eigenverantwortung" sprich Eigenfinanzierung treten. Aufweichung der Tarifpartnerschaft und des Kündigungsschutzes sind weitere Vorhaben dieses Arsenals.

Je besser die „Wettbewerbsfähigkeit" ausgeprägt ist, umso größer sind die Aussichten auf Profit. Es dominieren die Starken, die Finanzkräftigen mit genügend Eigenkapital, die technologisch Kompetenten. Das Musterbeispiel der Deutschen Bank ist charakteristisch dafür. Und es ist kein „Einzelfall". Ich komme darauf zurück. Die oben vorgetragenen Zitate enthalten Deklarationen von Vorhaben, die der neoliberalen Wirklichkeit diametral entgegenstehen. So z.B. wenn das Wohlergehen bzw. die Teilhabe am Wohlstand auch der Schwächsten und Ärmsten zum Ziel erklärt wird oder wenn Vollbeschäftigung angekündigt wird. Gerade (März 2005) hat der Armutsbericht der Bundesregierung festgestellt, dass die Tendenz der Verstärkung der Polarisierung von Arm und Reich fortbesteht.

Narry Nick schreibt im ND vom 21.3.05: „Die Reichen werden schneller reicher, die Armen werden wieder ärmer. Das eine Prozent der Reichen besitzt 25 % des Geldvermögens."

Im ersten Quartal 2005 haben Konzerne ihre Jahresbilanz vorgelegt. Zur Charakterisierung der Gewinnmaximierung seien in Ergänzung des Beispiel Deutsche Bank folgende weitere aufgeführt: (ND vom 14.3.05):

-BASF, weltgrößter Chemiekonzern, notiert für 2004 eine Gewinnverdopplung auf 1,88 Mrd. Euro.

- Der Vorsteuergewinn von BMW stieg auf 3,5 Mrd. Euro an.

- Der Nettogewinn von Deutschlands größtem Energiekonzern EON betrug 4,39 Mrd. Euro

- Der Energiekonzern EnBW verzeichnet 707 Mio. Euro Vorsteuergewinn für 2004; er hat seine Beschäftigtenzahl von 44.500 im Jahr 2001 auf heute 17.700 verringert.

- Der Chemiekonzern Degussa meldet 977 Mio. Euro Gewinn.

Weitere Beispiele ließen sich anfügen.

Die andere Seite der Medaille ist die wachsende Armut. Gefördert wird dieser Prozess durch die hohe Massenarbeitslosigkeit von 5 Mio. Hartz IV bedeutet für viele Arbeitslose mit einem Existenzminimum auszukommen.

Notlösungen, wie Teilzeitarbeit, 1-Euro Jobs und ähnliche Aktivitäten bewegen sich um die Armutsgrenze. Das Modell der „working poor" (der arbeitenden Armen) aus den USA greift auch auf Deutschland über.

Echte Auswege aus der Misere sind tabu.

Wirtschaftswachstum wird als Allheilmittel propagiert (s.o. Zitat in der Präambel!). Das ist ein theoretischer Ansatz, der ins Leere läuft. Die hohen Gewinne, die die Konzerne einstreichen, werden z.T. für Auslandsinvestitionen und vor allem für gewinnbringende internationale Finanztransaktionen insbesondere Spekulationsgeschäften eingesetzt. Diese Strategie ergibt sich aus der auf Erfahrung beruhenden Erkenntnis, dass Investitionen in die produktive Sphäre in den Industrieländern der EU mit hohen Risiken behaftet sind, weil einerseits in vielen Wirtschaftszweigen ein Überangebot an Produkten existiert und andererseits auf Grund der wachsenden Armut durch Arbeitslosigkeit und Einkommensstagnation bzw. -Minderung bei einem Großteil der Beschäftigten die Kaufkraft erheblich schwindet und damit die Nachfrage nach Gütern nachlässt. Trotzdem beharrt die herrschende Politik auf der Wachstumsideologie. Es zeigt sich eine Ratlosigkeit gegenüber der Problematik. Sprüche wie: „Es gibt keine Alternative" oder „wie haben keine Patentrezepte" charakterisieren die Hilflosigkeit der Politiker der „großen Volksparteien". Die beiden Parteien vertreten die gleiche neoliberale Politik nur mit unterschiedlicher Stringenz und Konsequenz. Und das Sagen haben heute real die „global player" die international agierenden Großkonzerne, wie auch im Presseclub der ARD (März 2005) von dem Journalisten Peter Zydek ohne Widerspruch der weiter Beteiligten zu vernehmen war. Abschließend zu unserem Kommentar sei noch festgestellt, dass der Teil des Vertrages zur Wirtschaftspolitik einen stark statischen Charakter aufweist, keine Alternativen und Entwicklungsmöglichkeiten aufzeigt und offenbar auch gar nicht zuzulassen gedenkt. Die neoliberalen Vorstellungen führen insgesamt zu keiner positiven Entwicklung, so dass wir als Resümee nur zu einer Ablehnung des Vertrages kommen.

Wir wollen ein anderes Europa!

<u>Ansätze zu alternativen Lösungen:</u>

Unser Standpunkt wäre unvollkommen, wenn wir uns nur auf die kritische Analyse beschränken wollten. Deshalb versuchen wir eine Reihe alternativer Möglichkeiten bez. Vorschläge zur Überwindung der neoliberalen Konzeption als Anregungen für eine weiterführende Diskussion vorzulegen.

Zur Mitwirkung ist dazu die Zivilgesellschaft aufgerufen (also auch attac). Das Vertragswerk räumt dafür entsprechende Möglichkeiten ein.

Als Ausgangspunkt für unsere Überlegungen betrachten wir die Zielstellung der Herausbildung einer solidarischen, sozial und ökologisch verträglichen Lebensweise für alle Menschen der europäischen Gemeinschaft.

Im Einzelnen können dazu folgende Elemente benannt werden:

-Entwicklung einer aktiven Wirtschaftdemokratie. Es gilt den Trend zu stoppen, der die Konzentration des Vermögens in den Händen einer kleinen Minderheit bewirkt. Die bestehende Ungleichheit in der Einkommensverteilung muss überwunden werden.

Im Laufe der Entwicklung der einzelnen Phasen des Kapitalismus hat sich ausgeprägt, dass unsere Rechts- und Eigentumsordnung den Geldgeber, d.h. das Kapital bevorzugt. Das obwohl bekanntermaßen bei der Produktion der Güter die drei Faktoren Arbeit (Arbeitskräfte), Kapital und Boden zusammenwirken. Die Entscheidungshoheit und das Recht am Ertrag werden aber allein und unberechtigter Weise dem Kapital zugesprochen. 94 % der Bevölkerung der BRD haben keinen Anteil am Betriebsvermögen! (nach D. Dahn: Demokratischer Abbruch, S.26). Diesen Zustand zu verändern bedarf es einer entschiedenen Ausweitung der betrieblichen Mitbestimmung d.h. einer Verfahrensweise, wie sie in den anderen Bereichen der Gesellschaft längst üblich ist. Die Belegschaften und ihre Interessenvertreter sollen entsprechend ihrer demokratischen Mehrheitsposition auf alle wichtigen Vorgänge im Unternehmen Einfluss nehmen können es geht u.a. um Investitionsentscheidungen, den Arbeitskräfteeinsatz, die Gewinnverteilung, Geltendmachung volkswirtschaftlicher Aspekte und ökologische Erfordernisse.. betriebswirtschaftliche Logik und volkswirtschaftliche Ansprüche sollen in Übereinstimmung gebracht werden.

- Kontrolle der Finanzwirtschaft

Jegliche Spekulation ohne Bezug zur produktiven Sphäre ist einzudämmen. Deshalb ist die Rückkehr zur Kapitalverkehrskontrolle unverzichtbar. Besteuerung aller Devisenumsätze mittels der Tobin Steuer (Ein Anliegen, das von attac schon seit langem vertreten wird) ist geboten.

- Offenheit für unterschiedliche Organisations- und Eigentumsformen in der Wirtschaft d.h. z.B. Förderung des Genossenschaftswesens, der kommunalen Betriebe und der öffentlich rechtlichen Einrichtungen. Dabei gilt es den Aspekten des Allgemeininteresses und der Gewährleistung solidarischer Daseinsfürsorge zu tragen. Pluralität der entsprechenden Eigentumsformen ist zu sichern (staatlich, kommunal, privat, genossenschaftlich).

Weitere Anliegen sollen nur in Stichworten angedeutet werden:

    - Eindämmung der Arbeitslosigkeit durch Verkürzung der Arbeitszeit

    - Radikale Reform der sozialen Sicherungssysteme- Einführung einer Grundsicherung

    (Bürgerversicherung)

Soweit eine Reihe von Gedanken zu Alternativen zum Vertrag. Diese Ausführungen erheben nicht den Anspruch einer geschlossenen Konzeption. Abschließend soll der Wunsch nach Förderung und Inanspruchnahme der Zivilgesellschaft noch einmal unterstrichen werden. Darin sehen wir die Chance das alternative Gedankengut vielen Menschen nahe zu bringen und damit früherer oder späterer Zukunft wirksam werden.

Literatur

1. Joachim Bischof: Das Ende des Neoliberalismus und die Zukunft der Wirtschaftsdemokratie in : Utopia kreativ, Heft 173 (März 2005)

2. 1. stützt sich auf; Ekkehardt Stein: Demokratisierung der Marktwirtschaft Berlin Baden 1995

3. Newsletter - Rundbrief attac eu - aj

   EU Verfassung update (spezieller Beitrag von Sarah Wagenknecht)

2005

Jahreswechsel 2005/2006

Deutschland muss wieder an die Spitze. So die Botschaft des Bundespräsidenten in seiner Weihnachtsansprache. 30 Jahre hatte Deutschland schon diese Position, und da müssen wir wieder hin. Sind wir nicht auf dem besten Weg? Exportweltmeister sind wir schon, die Gewinne der Konzerne boomen, bei den Arbeitslosen haben wir mit ca. 5 Millionen auch schon eine gute Position (mit 20 % im Osten sogar schon Spitze), die Bundeswehr ist global an Brennpunkten im Einsatz, und auf dem Fußballfeld steuern wir auf die Weltmeisterschaft zu. Also was wollen wir mehr? Oder was hat sich der Bundespräsident sonst noch bei seiner Forderung gedacht? Mit den Sozialsystemen gibt es noch Probleme. Hartz IV war ein Schuss in den Ofen. Das Wachstum will nicht so recht anspringen. Immerhin dämmert es bei einigen Politikern, dass dazu Kaufkraft notwendig ist.

Und was ist mit Europa? Kein Wort dazu in der Weihnachtsansprache des Bundespräsidenten. Wo bleibt Europa, wenn Deutschland an der Spitze ist? Die Bundeskanzlerin sieht die EU-Verfassung „bedroht". Sie will das Problem angehen. Aber der vorgelegte Entwurf der EU-Verfassung wurde von den Bürgerinnen und Bürgern in Frankreich und in den Niederlanden mehrheitlich abgelehnt. Damit ist er vom Tisch. Ein neuer Entwurf muss her. Die Franzosen und Niederländer hatten das Glück, den EU-Verfassungsentwurf ausführlich diskutieren zu können. Dabei haben sie erkannt, dass diese Verfassung das Spiegelbild der jetzigen neoliberalen Politik abgibt mit Sozialabbau, ständiger Vertiefung der Kluft zwischen arm und reich, neuen Aufrüstungsabsichten und anderen für die Bürger nachteiligen Wirkungen. Es ist also erforderlich, einen von Grund auf neuen Entwurf zu erarbeiten und mit den Bürgern gründlich zu diskutieren.

Optimal wäre es, darüber eine Volksabstimmung abzuhalten. Noch wird diese Möglichkeit den Bürgern der Bundesrepublik im Grundgesetz nicht zugestanden. Diese Ausgrenzung von vielen lebenswichtigen Entscheidungen bedeutet ein großes demokratisches Defizit gegenüber vielen anderen Ländern, nicht nur in Europa. Schon einmal hat sich eine Mehrheit von 70 Prozent bei einer Forsa -Umfrage im Januar 1999 dafür ausgesprochen, Volksabstimmungen in der BRD verfassungsmäßig zu ermöglichen. Sollte es nicht noch einmal versucht werden? Die Zivilgesellschaft als Ganzes ist gefordert, um dieses Problem erneut auf die Tagesordnung zu setzen. Der Weihnachtsmann kann uns dazu nicht mehr helfen.

2006

<u>EU-Verfassung im Koma? Oder?</u>

Seitdem die Franzosen und die Niederländer (die Deutschen waren nicht gefragt) mit ihrem „Nein" zu diesem EU-Verfassungsentwurf das Papier erst einmal ins Aus befördert haben, hat es bei vielen Politikern erst mal Ratlosigkeit darüber gegeben, wie nun weiter verfahren werden soll. Schließlich wurde das Projekt auf die lange Bank geschoben. Der Bürger könnte erwarten, dass also zunächst auch keine Aktivitäten gestartet werden, um einzelne Vorhaben aus dem Entwurf zur Verwirklichung in Angriff zu nehmen. Dieser Gedankengang führt in die Irre. Ein Projekt, das auch besonders Ablehnung fand und noch findet ist die Rüstungspolitik. Nach Artikel I – 41 Absatz 3 wird eine „Agentur für die Bereiche Entwicklung der Verteidigungsfähigkeiten, Forschung, Beschaffung und Rüstung (Europäische Verteidigungsagentur)" eingerichtet, deren Aufgaben im Artikel III-311 detailliert beschrieben sind. Es heißt dort u. a. „e, dazu beizutragen, dass zweckdienliche Maßnahmen zur Stärkung der industriellen und technologischen Basis des Verteidigungssektors und für einen gezielteren Einsatz der Verteidigungsausgaben ermittelt werden". Jetzt ist zu hören, dass Anfang Juli 06 in Brüssel auf Veranlassung des Vizepräsidenten der EU-Kommission Günter Verheugen ein Gespräch mit Managern auch der deutschen Rüstungsindustrie in der EU-Zentrale stattgefunden hat. Dabei ging es um die Entwicklung des europäischen Marktes und seiner Wettbewerbsfähigkeit für Verteidigungsgüter. Dazu ist es interessant zu wissen, dass die EU-Länder 2005 mit 6,28 Milliarden Euro vor den USA (5,63 Mrd.) und Russland (4,58 Mrd.) an der Spitze des Exports von Rüstungsgütern stehen. Die spärlichen Aussagen über diese Konferenz, die auch in den Medien kaum erwähnt wurden, lassen bei der Ähnlichkeit der Thematik der Beratung mit der oben zitierten Passage aus dem Verfassungsvertragsentwurf die starke Vermutung aufkommen, dass hier bereits Sondierungen zur Realisierung des Agenturprojekts stattfinden bzw. Gesprächsergebnisse dafür auch genutzt werden können. Damit setzen dich die Akteure über den Willen einer Vielzahl von Menschen hinweg, die diese Politik ablehnen. Es liegt auf der Hand, dass Rüstungsproduktion und Rüstungsgüterexport Kriegsvorbereitung bedeutet. Irgendwann und irgendwo kommen die Waffen zum Einsatz. Deutschland liefert Rüstungsgüter z.B. auch an Israel in die Problemzone Nahost mit wahrscheinlich nicht überschaubaren Folgen. Und Krieg kann sich kein Mensch wünschen. Deshalb gilt es in der weiteren Diskussion um den EU-Vertragsentwurf die ablehnende Haltung dazu zu bekräftigen.

Juli 2006

Noch einmal EU-Verfassung

Zur EU „ja" zu sagen, dürfte das Anliegen der großen Mehrheit aller Bürger der beteiligten Länder sein. Ich teile diese Haltung, weil mit der EU Kriege in Europa ausgeschlossen werden können.

Weitgehend unklar ist jedoch, wie diese EU beschaffen sein soll. Ein EU-Verfassungstext liegt zwar vor, die Informationen drüber sind aber leider so spärlich, dass die Öffentlichkeit nichts oder wenig über die darin enthaltenen Vorstellungen zur Gestaltung der Sozialsysteme und der Lebensbedingungen der Menschen, über militärische Ambitionen oder die Ausgestaltung der Demokratie erfährt. Das wären aber Fragen, die ausführlich von den Bürgern diskutiert werden sollten, die - so glaube ich wenigstens- schließlich wissen möchten, was auf sie zukommt.

Warum gibt es kaum Veröffentlichungen über den EU-Verfassungsentwurf? Erübrigt sich eine Diskussion nur deshalb, weil in Deutschland laut Grundgesetz das Parlament über die Ratifizierung der EU-Verfassung zu entscheiden hat? Inwieweit ist eine solche Entscheidung demokratisch, wenn ein hoher Anteil der Bürger an Wahlen nicht mehr teilnimmt?

Warum werden nur in einem Teil der Staaten Volksabstimmungen stattfinden – gibt es mithin demokratische und demokratischere Staaten? Wie verhält es sich in Deutschland mit der Umsetzung des Slogans „Mehr Demokratie wagen"? Ist das Grundgesetz für die Ewigkeit gemacht oder sind nicht schon aus verschiedenen Anlässen in der Vergangenheit Änderungen bzw. Ausgestaltungen an ihr vorgenommen worden? Und warum nicht jetzt? Fragen über Fragen!

Vom EU-Verfassungsvertrag zum Reformvertrag

Nachdem durch die Volksabstimmung in Frankreich und den Niederlanden der EU-Verfassungs-Entwurf abgelehnt wurde und er damit nicht durchsetzbar war, herrschte zunächst Funkstille und gewisse Ratlosigkeit unter den Regierenden.

Nach längerem Nachdenken in den Regierungskreisen ist jetzt eine Art Neuauflage des EU-Verfassungsvertrags mit der Bezeichnung Reformvertrag bzw. Grundlagenvertrag in Arbeit. Eine Regierungskonferenz im Oktober 07 soll die Modalitäten klären.

Regierungskonferenz soll heißen: Die Zuständigkeit ist von vornherein eindeutig fixiert damit niemand auf den Gedanken kommt, es könnte vielleicht in irgendeiner Weise die Zivilgesellschaft beteiligt sein oder werden. Ein Vorläufer dieser Regierungskonferenz im

März 07 hatte in ihrer „Berliner Erklärung" diesbezüglich bereits angekündigt, dass die Entscheidung über den erneuten Vertrag nur Regierungssache ist und eine Bürgerbeteiligung jedweder Art nicht vorgesehen ist.

Was den Inhalt des Reformvertrags betrifft, ist die Rede von einer „abgespeckten" Form bzw. vom Substanzerhalt des Verfassungsvertrags. Es ist auch kaum zu erwarten, dass besonders reformträchtige Konzepte offenbart werden. Über die Inhalte gibt es bisher auch keine Verlautbarungen für die Öffentlichkeit. Der neoliberale Grundkonsens dürfte also wohl erhalten bleiben. Ob Kritikern an dem EU-Verfassungsvertrag (ungenügende Beachtung der sozialen Anliegen, negative Wertung der Rüstungs- und Militärpolitik u. a.) berücksichtigt werden, ist bisher nicht erkennbar. Jetzt schon Absichtserklärungen abzugeben würde vielleicht Opponenten auf den Plan rufen, die mit ihrer Kritik der Vorhaben nur den Fortgang der Prozedur behindern würden.

Deshalb ist auch nicht zu erwarten, dass die Bürgerinnen und Bürger Europas in einer kurzgefassten, allgemeinverständlichen Art und Weise über das Projekt informiert werden.

Und mit mehrhundertseitigen Veröffentlichungen wie bei dem EU-Verfassungsvertragsentwurf würden die Bürger nur abgeschreckt werden.

So geht vermutlich die Aktion an den Betroffenen vorbei über die Bühne.

Das wirft die Frage auf, inwieweit ein solcher Vertrag rechtverbindlich ist, wenn er keiner Volksbefragung unterworfen wird. Denn: mehr und mehr wird in vielen Staaten von Referenden/ Volksabstimmungen Gebrauch gemacht, um diffizile Probleme durch Volksmeinung zu entscheiden. Es handelt sich dabei vor allem um Probleme, bei denen es unterschiedliche Auffassungen bei den Regierenden und der Bevölkerung gibt (z. B. bei der Frage der Volksbefragung auf Bundesebene in Deutschland).

Die portugiesische EU-Ratspräsidentschaft hat entsprechend der vorgegebenen Linie Referenden entschieden abgelehnt. In Deutschland ist laut Grundgesetz eine Volksbefragung sowieso nicht vorgesehen. Diese Position dürfte dem allgemeinen Trend in der Welt nicht mehr gerecht werden. Noch immer ist es jedoch nicht gelungen, dieses Demokratiedefizit zu überwinden. Versuche dazu gab es bereits mehrmals. – Trotz der Vorgaben soll in Irland ein Referendum stattfinden. Möglicherweise werden weitere EU-Länder folgen.

Wie vielfältig die Demokratie beeinträchtigt wird, ist an den Wirkungen ersichtlich, die sich daraus ergeben:

- kein Referendum bedeutet von vornherein Schranken aufzubauen, die die Bürger am Nach- und Mitdenken an den Problemen hindern

- kein Referendum ergibt somit ein Manko für die politische Bildung des Menschen
- kein Referendum bedeutet, die Bürger davon auszuschließen, die Folgen der Politik mit zu bestimmen und Verantwortungsbewusstsein mit zu tragen
- kein Referendum bedeutet auch keine Motivation der Europäer zu ihrer Identifizierung mit Europa im positiven Sinne
- kein Referendum bedeutet Verzicht auf Vorkorrektur von Gesetzesvorlagen
- kein Referendum zu veranstalten bedeutet, Politikverdrossenheit zu fördern

Fazit: Die Bürger sollten sich rühren, dass sie zu Wort kommen. Viele wünschen sich ein anderes Europa, ein solidarisches, umweltfreundliches, einer chancengleichen Globalisierung aufgeschlossenes und friedfertiges Europa.

Privatisierung

Ursachen und Folgen der Privatisierung am Beispiel Bildung

Die offensichtlichen Ursachen für die Privatisierung kommunaler Einrichtungen vor allem solcher der Daseinsfürsorge (Gesundheitswesen, Bildungsinstitutionen, Wasserversorgung usw.) sind:

- die generelle Wirtschaftsflaute mit der nicht mehr recht anspringen wollenden Konjunktur
- die teilweise damit zusammenhängende und sich darauf auswirkende unbefriedigende Verteilung der verschiedenen Steuerkategorien auf Bund, Länder und Kommunen
- die übermäßige Belastung der Kommunen durch die wachsenden Sozialausgaben infolge der hohen Arbeitslosigkeit
- die Abhängigkeit vom Umfang der Fördermittel (anhaltende Transferabhängigkeit). Diese und noch andere Ursachen (z. B. die Konkurrenzdemontage der ostdeutschen Wirtschaft nach der „Wende") sind Folgeerscheinungen der tieferen und hauptsächlichen Ursache, nämlich des herrschenden neoliberalen Wirtschaftssystems, das jetzt auch in der EU-Verfassung festgeschrieben werden soll. Dieser kausale Zusammenhang muss gesehen werden, wenn über die möglichen Lösungen der Probleme nachgedacht werden soll. Der Kern der Ursachen ist also struktureller d.h. systemimmanenter Natur; es ist der Zeitgeist der herrschenden Gesellschaftsstruktur – der Neoliberalismus. Daniela Dahn schreibt es in ihrem neuesten Buch: „Demokratischer Abbruch": Der herrschende Zeitgeist ist nicht der Geist der Zeit, sondern der Geist der Herrschenden. Wir verstehen darunter eine Entwicklungsetappe des Kapitalismus mit spezifischen Merkmalen. Dazu gehören:

  - Das Akkumlationsregime, also die Art und Weise der Kapitalanhäufung durch Erschließung neuer Profit bringender Wirtschaftsbereiche.
  - Das Bestreben, die Wirtschaft von allen Hemmnissen zu befreien ,die dem „freien und unverfälschtem Wettbewerb" oder „offener
  Marktwirtschaft mit freiem Wettbewerb", so die Formulierungen   im Entwurf der EU-Verfassung , entgegenstehen.

- Gewinnmaximierung als Zielstellung der Unternehmen ist extrem ausgeprägt und dient vorzugsweise der Bedienung der Aktionäre (shareholder value).
- Im Zuge der intensiveren Globalisierung spielen internationale Finanztransaktionen, insbesondere Spekulationsgeschäfte eine besondere Rolle. Diese Geschäfte erfolgen losgelöst von jeglicher produktiver Sphäre.
- Weltweit wächst die Diskrepanz zwischen Arm und Reich

Die Privatisierung hat ihre Funktion innerhalb des bereits erwähnten Akkumulationsregimes. Sie besteht in der Transformation von dem Gemeinwohl verpflichteten Einrichtungen (Betrieben, Institutionen) verschiedener Formen von Gemeineigentum in Unternehmen von Eigentum privater Personen bzw. Personengruppen (AG, Personalgesellschaften u.s.w.) mit dem Ziel der Profiterzielung. Zur Verdeutlichung der Problematik kann ein historischer Rückblick dienlich sein:

Am Beginn der kapitalistischen Entwicklung stand die Industrialisierung der Produktion. Die Anschubfinanzierung (Karl Marx: "Anschubkräfte des Kapitals") entstammte dem Handel (vornehmlich dem Fernhandel) und in hohem Maße aus der Kolonialherrschaft: Abschöpfung (sprich Raub) der Reichtümer der unterworfenen Völker (Edelmetalle, Sklavenhandel) insbesondere in Süd- und Mittelamerika. Das Wesen der Akkumulation im voll entwickelten Kapitalismus besteht in der permanenten Ansammlung von Finanzmitteln aus dem in der Produktion durch das Lohnarbeitssystem entstehenden Mehrwert (Ausbeutung).Diese Mittel dienen hauptsächlich der Erweiterung und Intensivierung der Produktion. Die Notwendigkeit besonderer Akkumulationsregime ergibt sich aus qualitativ neuen technologischen Entwicklungen. Industrialisierung, Fordismus, Automatisierung und moderner Kommunikationsmitteleinsatz sind solche Etappen. (vgl. Joachim Hirsch:" Der nationale Wettbewerbsstaat")

Die nachlassende Ergiebigkeit des Akkumulationsregimes in der Vorstufe des Neoliberalismus erfordert die Erschließung neuer Finanzquellen wie:

- maximale Ausweitung des Exports (" Exportweltmeister" - vgl. auch Aktivitäten von Schröder)
- Schuldenverwaltung aus Anleihen an 3. Welt-Länder und, womit wir uns speziell befassen

- aus der Privatisierung der Einrichtungen, dem Allgemeininteresse und dem Gemeinwohl dienend staatlich/kommunalen Institutionen und besonders auch die der Daseinsfürsorge der Bevölkerung einschließlich des Bildungswesens.

Zur Privatisierung lässt sich von ihrer Wirkung her als Fazit feststellen:

- Privatisierung ist der Schritt zur Öffnung neuer Profitquellen. Zugleich erfolgt damit ein Abbau der demokratischen Verfasstheit der Einrichtungen, die dem Gemeinwohl dienen.
- An die Stelle des gemeinschaftlichen, solidarischen, gleichberechtigten Denkens und Handelns tritt individualistisch, egoistisch motiviertes Konkurrenzdenken zum Nachteil der Mehrheit der Bürger
- Reiche werden durch neue Felder der Profiterzeugung reicher. Die Kluft zwischen Arm und Reich vergrößert sich weiter.

Außer auf diesen generellen Wirkungen gründet sich die Ablehnung der Privatisierung, besonders auf eine Reihe von Erkenntnissen bzw. von bereits gewonnenen Erfahrungen:

- Der Zugang zu den Leistungen privatisierter Unternehmen und Institutionen wird nur noch zu einer Frage des Einkommens (vgl. Film über Südamerika: Preise für Wasser) (Zwei-Klassenmedizin).

Gebühren für Bildungsleistungen von der Kita bis zum Studium beeinträchtigen die Chancengleichheit bei der Inanspruchnahme dieser Leistungen. Besonders problematisch sind die Kita - Gebühren, da gerade das Vorschulalter günstige Anlagenentwicklung verspricht.

Lohneinbußen bei den Beschäftigten sind an der Tagesordnung (Beispiel: Kita Wismar). Die Mentalität des Neoliberalismus, alle Sachverhalte der betriebswirtschaftlichen Betrachtungsweise zu unterwerfen, Geld zum Maßstab aller Dinge zu machen, beeinflusst die Bildungsinhalte. Das führt zur Ökonomisierung von Bildung und zeigt sich z.B. im Abbau der Geisteswissenschaften an Universitäten (vgl. Hamburg – geplante Reduzierung um 50 %).
 Tabus für kritische Positionen zum kapitalistischen System als solchem liegen in der Natur der Sache. Bildungseinrichtungen werden zu „ Unternehmen" also integrale Bestandteile des kapitalistischen Systems .Deren Anliegen kann es kaum sein, die eigene Existenz infrage zu

stellen. Diese Tabus, die weitgehend auch von den privaten Medien befolgt werden, hemmen außerdem die Suche nach anderen und besseren Lösungen. Daher die Version: „ Es gibt keine Alternativen".

Darüber hinaus gibt es eine direkte Diskrepanz zwischen Privateigentum an Bildungseinrichtungen und zivilgesellschaftlich fundierten Bildungszielen. Privateigentum impliziert Konkurrenzverhalten mit negativen gesellschaftlichen Folgeerscheinungen: Ellbogengesellschaft, Individualisierung usw. was letztlich eine antisolidarische und inhumane Gesellschaft fördert.

Die Schule, die wir uns vorstellen (bzw. das Bildungssystem insgesamt) ist eine Institution, die durch Gebührenfreiheit Chancengleichheit für alle garantiert, vom Staat finanziert und von der Zivilgesellschaft inhaltlich inspiriert wird.

Initiativen und Kreativität im Bildungsprozess sollen an einzelnen Schulen viel Raum belassen.

Leisten wir schließlich noch einen Beitrag zu der gegenwärtig stattfindenden, von Berlin angestoßenen „Wertediskussion".

Aus der Sicht von Attac können wir uns als Diskussionsvorschlag dazu folgende Werte vorstellen:

Humanität und Menschenrechte – sie dürfen weder territorial noch national noch auf die „ Festung Europa" begrenzt werden, sondern müssen globale Geltung besitzen!
Das gilt auch für das Recht auf Bildung, auf Wasser, auf Gesundheit.

Solidarität- nicht auf Gruppen beschränkt, sondern global geltend mit Folgeaktivitäten wie Schuldenerlass für 3. Welt Länder, bessere Entwicklungshilfe usw.

Demokratie- mit direkter aktiver Mitwirkung, mit Toleranz gegenüber Minderheiten, mit Erweiterung auf Wirtschaftsdemokratie und auf internationale Beziehungen.

Gleichheit- speziell Chancengleichheit (Zugang zu Wasser, Bildung usw. global!)

Gleichberechtigung – der Geschlechter

Gewaltverzicht- Antimilitarismus, Antirassismus

Im Grunde sind das keine neuen Forderungen, sie sind nur akzentuiert auf den Globalisierungsprozess. Dieser Prozess ist Realität mit seinen negativen und positiven Auswirkungen und Forderungen an die Verhaltensweisen der Menschen insoweit gehen diese Ziele auch weit über die schulischen Bildungsforderungen hinaus. Sie können mithelfen, die Bewusstseinsentwicklung der Gesellschaft zu fördern in der Richtung „Eine andere Welt ist möglich!"

Was ist zu unternehmen?

Wir gehen davon aus: „Bildungspolitik ist Gesellschaftspolitik" – Die so öffentliche Verantwortung wird durch staatliche Steuerung und inhaltlich konzeptionelle Mitwirkung der Zivilgesellschaft wahrgenommen. Daraus resultiert: Attac als Mitwirkende in der Zivilgesellschaft hat die Möglichkeit und die Verpflichtung in der Bildungspolitik mitzusprechen. Das kann durch das Bewusstmachen von Problemen und durch Angebote alternativer Vorschläge geschehen..
Schon Ludwig Börne forderte, dass jeder Umwälzung „eine Umwandlung der öffentlichen Meinung vorhergegangen sein muss. " (Zitat aus Daniela Dahn :
Demokratischer Abbruch : S.22).

2005

<u>Chancengleichheit ?</u>

Es geht um die Chancengleichheit der Kinder in den Schulen und den vor- und nachgeordneten Einrichtungen (Kita, Hochschulen). Ein Thema, das vermutlich vor allem Eltern interessieren dürfte. Angestoßen wurde die Diskussion durch den Bericht des UN-Inspektors Vernor Munoz, den er nach einem Deutschlandbesuch der Vollversammlung des UN-Menschenrechtsrates vorlegt. Hauptkritikpunkte darin sind, das dreigliedrige Schulsystem, das durch Auswahlverfahren zum zu frühen Zeitpunkt (nach 4 jähriger Grundschulzeit) die Chancengleichheit beeinträchtige; insbesondere Kinder von Migrantenfamilien seien betroffen, die unterschiedliche Schulorganisation in 16 Bundesländern sowie weitere Defizite. Die Reaktionen auf diesen Bericht waren kontrovers. Während zuerst Abwehr und Verteidigung im Vordergrund standen: „Schulformen sind sekundär", Verbesserung der Unterrichtsqualität sei wichtiger und intensivere individuelle Förderung sei nötig – gibt es auch Stimmen, die den Aussagen des Berichts beipflichten und einräumen, dass die Feststellungen des Berichts nachdenkenswert seien und Ansätze zur Überwindung tatsächlicher Defizite anbieten. Diesbezügliche Erwägungen betreffen: längeres gemeinsames Lernen, Abbau der Gliederung im Schulsystem (Hauptschulen), entschiedene Intensivierung der Vorschulerziehung und andere.

Manches davon, was die Kritikpunkte betrifft und was in den Entgegnungen dazu geäußert wurde, ist bereits auf den Weg gebracht und wird sich durch die weitere Diskussion möglicherweise fruchtbringend auf die künftige Gestaltung der schulischen Erziehung und Bildung positiv auswirken. Solche Fortschritte können aber nur partiell die Chancengleichheit beeinflussen, denn: Noch bewegt sich die Diskussion vornehmlich in der Sphäre des Bildungssystems selbst. Die äußeren Bedingungen, die durch die gesellschaftlichen Verhältnisse bestimmt werden, bleiben außen vor. Nicht nur die Lehrenden und ihre Schulsysteme sind gefragt, sondern auch die Politik mit ihrem Einfluss

Wodurch sind die „Randbedingungen" gekennzeichnet?

Neoliberale Tendenzen bestimmen weitgehend das Leben in Wirtschaft und Gesellschaft. Das führt dazu:

- Ökonomisierung auch im Bildungswesen (Gebühren, Stipendien und anderes)
- Privatisierungsbestrebungen im Schulwesen

-   „Produktion" von „Unterschichten" (Niedriglohnsektor, Hartz IV) und insgesamt wachsende Diskrepanz zwischen Arm und Reich.

In diesen Tatbeständen liegen neben anderen auch die tieferen Ursachen für die von Munoz kritisierten Defizite. Denn wer kann schon 190 Euro pro Monat Schulgeld bezahlen, wie das z.B. bei einer Waldorf-Schule der Fall ist. Manche Eltern geraten dabei in Verschuldung und müssen noch nach Abschluss des Schulbesuchs ihrer Kinder diese Schulden begleichen. Derartige Schulen gab es in Deutschland 1945, 10 aber 2004 -180. Dieses Beispiel steht nicht allein. In einer Sendung von „Frontal"(ZDF) vom 27.03.07 wurde ein Beitrag betitelt: „Flucht in die Privatschulen". Darin wurde u. a. festgestellt:

-   jede Woche kommt eine Privatschule hinzu
-   die monatlichen Schulgelder betragen bis zu 900 Euro pro Kind!!
-   die Schülerzahl an Privatschulen hat sich in kurzer Zeit verdoppelt
-   jedes 14. Kind besucht jetzt in Deutschland eine Privatschule
-   ob die Bildungsergebnisse an diesen Schulen „besser" (was immer das heißen mag) sind als an den Öffentlichen ist sehr umstritten

Soweit die Angaben aus der Frontalsendung. Offensichtlich ist, dass von Chancengleichheit daher keine Rede sein kann.

Chancengleichheit kann es letztendlich nur geben, wenn für alle Arten und Stufen der Bildungseinrichtungen der kostenlose Besuch gewährleistet ist. In diesem Sinne, denke ich, ist auch die Forderung der internationalen Lehrergewerkschaft zu verstehen, die in ihrer Tagung am 26.03.07 von den Regierungen forderte „in starke und solide Öffentliche Bildungssysteme zu investieren" (ND vom 27.03.07).

Offen bleibt bei dieser Skizzierung der Diskussionsfelder die ganze Problematik der Erziehungs- und Bildungsziele, der Werte, die im Ergebnis des absolvierten Prozesses das Verhalten der jungen Menschen mitbestimmen werden.

Erstrebenswert wären m.E. die besondere Betonung solcher Werte wie Solidarität, Kritikfreudigkeit, Toleranz und anderen der humanistischen Grundrichtung folgende.

Aber dazu hatte sich wohl Herr Munoz nicht geäußert

März 2007

<u>Privatisierungsoffensive – Sozial- und Demokratieabbau</u>

Es geht um die kommunalen Betriebe bzw. Institutionen. Einrichtungen, die dem Gemeinwohl und der Daseinsfürsorge aller Bürgerinnen und Bürger verpflichtet sind (Krankenhaus, Personennahverkehr, ...).

Alle diese haben primär eine soziale Funktion und sind nicht dazu geschaffen worden, Profite zu erzielen. Werden trotzdem in den kommunalen Betrieben Gewinne erwirtschaftet, so kommen sie dem Haushalt der Kommune zugute und können für notwendige Vorhaben der Stadt verwendet werden und so zur Verbesserung der Lebensverhältnisse der Einwohner beitragen. Ist das nicht eine gute Sache?

Über den Verbleib der Gewinne der privatisierten Einrichtungen dagegen ist exakt nicht bekannt. Es ist anzunehmen, dass diese Finanzmittel vorwiegend den Investoren bzw. Anlegern zugute kommen. Und was dann damit geschieht wird auch kaum der Öffentlichkeit offenbart. Samir Amin: „Für ein nichtamerikanisches 21 Jahrhundert", S. 43, schreibt dazu: „Zudem ist der Öffentliche Dienst in einer Demokratie potentiell transparent, der privatisierte dagegen, weil durch das „Geschäftsgeheimnis" geschützt, seiner Definition nach undurchsichtig."

Das gilt auch für die Preisgestaltung. Wissen wir etwas über die Gewinnanteile in den Preisen privatisierten Betriebe? Also: Warum sollte privatisiert werden?

Welche Erfahrungen haben die Bürger mit bisherigen Privatisierungen gemacht, denken wir an die Post, die Bahn, die Kindertagesstätten u. a.? Lohnminderungen, Stellenabbau und Qualitätseinbußen sind häufige Folgeerscheinungen. Und was ist mit den kommunalen Betrieben (usw.) in Wismar? Funktionieren sie nicht, erfüllen sie nicht ihre Aufgaben? – Sie funktionieren!
Also warum sollten sie privatisiert werden? Ist das bald der einzige Aspekt, der dafür maßgebend ist. Ist der Stadt auf Dauer geholfen, wenn sie das Tafelsilber verscherbelt hat? Was dann?

Privatisierung d. h. Verkauf mag die einfachste und leichteste Lösung zur Behebung der Finanzmisere sein aber auch der mit erheblichen Nachteilen für die Wismarer. An den Ursachen der Finanzprobleme wird damit nicht gerührt.

Zudem heißt Privatisierung vor allem auch Verzicht auf die Mitbestimmung und Mitwirkung der Wismarer über Ihre Vertretung der Bürgerschaft bei der Einflussnahme bei der Gestaltung der Lebensverhältnisse in der Stadt. Das sollte aber ein ureigenstes Anliegen der Bürgerschaft bleiben.

Aber: Keine Privatisierung kommunaler Einrichtungen!

2005

Krankenhäuser und anderes - direkte Demokratie und Privatisierung

Stefan Negora, 20 Jahre, als Erstwähler befragt zur Bundestagswahl, sagte unter anderem: „Es müsste viel mehr Bürgerbeteiligung in der Politik geben" (ND 10/11.09.05) Diese Einzelmeinung wird durch eine Emnid - Umfrage vom 14/15.09.05 sinngemäß unterstrichen, in der die Forderung „dass Politiker der Partei, die ich wähle, wieder mehr auf das Volk hören" von 89 Prozent der 1000 Befragten unterstützt wird.(ND 21.09.05) Damit wird ein Kernproblem unserer heutigen Demokratie von erheblicher Tragweite angesprochen. Unsere Demokratie ist nahezu 100-prozentig eine „Vertreter" - Demokratie. Bürger lassen sich über längere Zeiträume (4-5 Jahre) durch Parteien bzw. Abgeordnete vertreten. Nicht immer in einer Legislaturperiode stimmen deren Vorhaben mit der Bürgermeinung überein. Es gibt zweifelhafte Fälle, und nicht immer ist das Verhältnis vom Gewählten zum Wähler von Vertreterbewusstsein und Transparenz geprägt. Vollkommen außen vor bleiben die Stimmen der Nichtwähler. Mehrheiten sind fragwürdig. Wie steht es konkret mit dem Zustand der direkten Demokratie? Beispiele aus der jüngsten Vergangenheit ergeben ein wenig erfreuliches Bild; direkte Demokratie ist eher verkümmert.

Ein Beispiel: Die Privatisierung der Krankenanstalten in Hamburg. ND berichtete darüber am 16/17.07.05. Direkte Demokratie erbrachte eine Bürgerbefragung. Der CDU-dominierte Senat beabsichtigte die Privatisierung. Die Bürgerbefragung im Februar 2004 ergab eine Ablehnung mit ca. 77 Prozent. So unterschiedlich waren die Positionen. Aber das Hamburger Verfassungsgericht befand, dass Bürgerentscheide durch Parlamentsbeschluss wieder aufhebbar sind. Und so wurden die Privatisierungsaktivitäten wieder aufgenommen – alles legal und zugleich absurd, die totale Negierung der Bürgermeinung. Dieses Beispiel zeigt drastisch, wie veränderungsbedürftig die gesetzlichen Regelungen zur gesamten Problematik direkter Demokratie sind. Diese Beschädigung der direkten Demokratie hat noch als zweiten Effekt den Verlust der Elnflussnahme der Bürger auf die Mitgestaltung der Entwicklung der Krankenanstalten, die ihnen als Eigentümer, als Bürger der Stadt Hamburg, zustand. Also doppelter Demokratieverlust! Die Privatisierung ist ein Feld, wo offenbar – und Regierungsmeinung (vom Bund bis zur Kommune) weitgehend auseinander klaffen. Solche Beispiele wie Hamburg machen Schule: zurzeit findet auch eine Auseinandersetzung um die Privatisierung des Berliner Uniklinikums Charite` statt. Dic „ Junge Welt" vom 06.05.05: Der Ausschluss von Privatisierungen sei für ver.di eine Vorbedingung für eine Tarifeinigung. So die Position der Gewerkschaft. Ausführlich ist im ND vom 14.09.05 das Vorgehen der Rhön-

AG bei der Privatisierung des Klinikums in Hildesheim beschrieben. Nahezu allgemeingültig sind die Folgeerscheinungen dabei. Zitat: „ Es wird abgebaut, bei den Gehältern, Zulagen, Personal. Im Labor, Physiotherapie und einzelnen Stationen werden 20 bis 30 Prozent der Arbeitsplätze gestrichen“. Schließlich soll noch auf die derzeit betriebene Privatisierung des städtischen Krankenhauses in Wismar eingegangen werden. Die direkte Demokratie kam hier vom Anbeginn an kaum zum Zuge. Eine öffentliche Diskussion fand praktisch nicht statt. Die Informationen im Stadtanzeiger zeigten lediglich an, dass „Interessenbekundungen“ eingeholt werden sollten und später, dass rückwirkend zum 01.01.2005 eine GmbH gegründet worden ist. Sonst war in dem Publikationsorgan der Stadt zur Bürgerschaftssitzung nur zu lesen: „Nichtöffentliche Sitzung – Bericht der Bürgermeisterin zum Krankenhaus“. Und das war es dann. Auf Schreiben der Attac - Gruppe Wismar an die Fraktionen der Bürgerschaft mit ausführlichen Kontraargumentationen zur Privatisierung gab es keine Antworten. So ist die Transparenz und Bürgernähe „der Vertreter der Bürger“. Den Privatisierungsbestrebungen entgegen zu steuern versucht nur die Attac - Gruppe Wismar. Immerhin bewirkten Attac – Lesermeinungen in der Presse, dass die Stadt erstmals öffentlich zu ihren Privatisierungsabsichten Stellung nahm (Ostseezeitung vom 26.07.05) und dass in verschiedenen Gremien das Problem kontrovers diskutiert wird. Eine Flugblattaktion von Attac – Wismar trägt ebenfalls dazu bei. Im Rückgriff auf den eingangs zitierten Wunsch von Stefan Nagora nach „viel mehr Bürgerbeteiligung“ gilt es Schlussfolgerungen zu ziehen. Wie berechtigt dieses Anliegen ist, wird aus den Beispielen deutlich. Was ist zu tun? Die Zivilgesellschaft (Gewerkschaften, Kirchen, Sozialverbände, Bürgerbewegungen, Attac u.a.) ist gehalten, ihre Aktivitäten gegen Sozialabbau, Demokratiedemontage und neoliberale Auswüchse zu verstärken, enger zusammen zu rücken und sich gegenseitig zu unterstützen. Regionale Sozialforen sind ein Anfang. Es müssen Mittel und Wege gefunden werden, um auf dem Wege der direkten Demokratie unmittelbar Einfluss auf das politische Geschehen zu erwirken. Zugang zu den politisch - konstitunellen Gremien (z.B. in der Kommune, den Ausschüssen der Bürgerschaft und dergleichen) mit Argumentationsmöglichkeiten und Vorschlagsrecht. Mehr Transparenz – Glasnost – im politischen Leben und auf dem Gebiet der Ökonomie ist notwendig. Das gilt für alle Ebenen: Bund, Länder und Kommunen. Ein gemeinsames Anliegen der Mitglieder der Zivilgesellschaft sollte es sein oder werden, drauf zu drängen, die Hürden abzubauen, welche die Möglichkeiten der direkten Demokratie einschränken. Eine verfassungsmäßige Verpflichtung für alle parlamentarischen Institutionen sollte es werden, für bestimmte einschneidende gesellschaftliche Probleme auf Anregungen aus der Zivilgesellschaft hin Bürgerbefragungen zu organisieren, z.B. für Privatisierung gesamtgesellschaftlichen Eigentums, für den Abbau sozialer Rechte, für voraussehbare Umweltbeeinträchtigung und Umweltzerstörung.

September 2005

Was gegen die Privatisierung der städtischen Krankenhäuser spricht

Aus einem im Stadtanzeiger erschienenen Bericht über die Bürgerschaftssitzung vom 28.04.05geht hervor, dass die Stadtverwaltung zu Vertragsverhandlungen mit einer Beratungsgesellschaft ermächtigt wurde, um ein Interessenbekundungsverfahren für das städtische Krankenhaus vorzubereiten. Für uns als Attac-Gruppe ist mit dieser Verlautbarung offenkundig, dass nunmehr die Privatisierung dieser kommunalen Einrichtung in Angriff genommen werden soll.

Die Informationen seitens der Bürgerschaft bzw. der Bürgermeisterin über einen solch fundamentalen Vorgang sind bisher mehr als spärlich; wir sind der Ansicht, dass die Einwohnerschaft ein Recht darauf hat zu erfahren, wie sich die einzelnen Fraktionen der Bürgerschaft zur Veräußerung eines so bedeutenden Bestandteils der kommunalen Allmende positionieren und zwar, bevor alle Weichen gestellt worden sind.

Die allgemeine und anhaltende Finanznot der Kommunen und der neoliberale Zeitgeist scheinen keine Alternativen zur Privatisierung zuzulassen; trotzdem wehren sich zunehmend mehr Kommunen gegen den Ausverkauf öffentlichen Eigentums, auch, indem sie sich der Bewegung GATS-freie Zonen anschließen.

Aus unserer Sicht sprechen folgende Argumente gegen die Privatisierung unseres städtischen Krankenhauses:

1. Mit den durch die Privatisierung zu erzielenden finanziellen Einnahmen der Stadt würde ein Einmaleffekt erzielt, der Verkaufserlös hätte nur eine vorübergehende, kurzfristige Wirkung. Nachdem ein paar Löcher gestopft wären, würde das Problem der Finanznot erneut akut werden. Und das bliebe so, so lange nicht die Ursachen der permanenten Finanzmisere beseitigt wären.

2. Eine Privatisierung des „Städtischen Krankenhauses" wäre eine Verletzung und Missachtung jahrhundertelanger Traditionen der Gemeinnützigkeit und Solidarität der Bürgerinnen und Bürger der Stadt. Noch nie seit ihrer Gründung im Mittelalter sind Krankenhäuser unterhalten worden, um daraus Gewinne abzuschöpfen. Vermutlich hat es in der Geschichte der Stadt vielfach Zeiten und Situationen gegeben, in denen Finanzschwäche ein ernstes Problem war. Auf die Idee, ein Krankenhaus zu privatisieren, ist deshalb noch nie jemand gekommen- sie ist ein Kind des heute obwaltenden neoliberalen Zeitgeistes. Über Jahrhunderte haben Kirchen und Gemeindevertretungen es als christliche Pflicht betrachtet, dem Gemeinwohl zu dienen und Armen und Kranken Hilfe angedeihen zu lassen. Und das soll nun alles ignoriert werden?

3. Die Privatisierung des Krankenhauses führte zu einer Minderung der demokratischen Bürgerrechte; denn „Städtisches Krankenhaus", so die offizielle Bezeichnung, besagt doch wohl, dass das Krankenhaus der Stadt, also deren Bürgerinnen und Bürgern gehört, die sich durch die Bürgerschaft vertreten lassen. Mit der Privatisierung wäre den Wismarern ihr Mitbestimmungsrecht und jede demokratische Einflussmöglichkeit genommen; privatwirtschaftliche Betriebe werden nach Kriterien ökonomischer Effizienz, nicht nach Gesichtspunkten der Transparenz und bürgerschaftlicher Einflussnahme geführt.

4. Eine Privatisierung führte zu neuen finanziellen Belastungen der Bürgerinnen und Bürger. Die potentiellen Kapitalgeber, die der Stadt aus der Finanzmisere helfen sollen, täten das nicht aus Nächstenliebe, sondern um Renditen zu erzielen. Die Leistungen des Krankenhauses inklusive der Verbindlichkeiten für Kapitalgeberwürden über die Krankenkassen abgerechnet, deren Etat entsprechend höher belastet würde. Diese höhere Belastung würde an die Versicherten mittels höherer Beiträge weitergereicht. So wären letztendlich die Bürgerinnen und Bürger wieder die Leidtragenden der ganzen Operation. Profiterzielung erfordert Rationalisierung, Senkung der Lohnnebenkosten (Schätzungen besagen: etwa 90% des Personals verdienen weniger, etwa 10% verdienen mehr), Stress usw., insgesamt käme es zu Nachteilen für die Beschäftigten im Krankenhaus und möglicherweise zu einer Minderung der Qualität oder des Leistungsumfangs in der medizinischen Versorgung. Vorliegende Erfahrungen aus anderen, ähnlichen Einrichtungen bestätigen diese Folgeerscheinungen.

5. Die Aussage „privat ist effizient" ist irreführend und durch die Praxis vielfach widerlegt. Die Effizienz beschränkt sich auf die Kapitalgeber bzw. Anleger, mit Sicherheit gilt sie nicht für die Mehrheit der Beschäftigten und der Versicherten der Krankenkassen. In der Daseinsvorsorge, ganz besonders im Gesundheitsbereich, hat sich die natürlich gegebene Monopolstellung der öffentlichen Hand bewährt; Kategorien wie Markt, Konkurrenz und Profit sollten für Kunden, nicht für Patienten gelten.

6. Erkenntnisse aus den unter 1-5 skizzierten Argumenten führten in anderen Städten zu erfolgreichen Protesten gegen die Krankenhausprivatisierung. Als prägnantestes Beispiel sei dafür Hamburg genannt. Ein bereits vom Senat der Hansestadt gefasster Beschluss zur Privatisierung der Krankenanstalten wurde durch Protestaktionen der Bürgerinnen und Bürger rückgängig gemacht. Diese Erfahrungen sollten wir nutzen und auch in Wismar alle Einwohner über Auswirkungen der Privatisierung aufklären und den Widerspruch organisieren, ehe es zu spät ist.

Gesundheit ist keine Ware!

September 2005

<u>Flugblatt</u>

a t t a c   a t t a c

„Dass die Privatisierungsorgie der öffentlich bereitgestellten Güter ausgebremst werden soll,
dient wohl dem allgemeinen Interesse"
Friedhelm Hengstbach, Jesuit und Wirtschaftswissenschaftler

Liebe Bürgerinnen und Bürger von Wismar,
die Privatisierung des Städtischen Krankenhauses droht!

Mit diesem Flugblatt möchten wir, die Attac-Regionalgruppe Wismar, Ihnen unsere Bedenken und Einwände gegen die von der Stadtverwaltung geplante Privatisierung des Städtischen Krankenhauses zur Kenntnis geben und Sie auffordern, gemeinsam mit uns dagegen zu protestieren.

Wir sind der Meinung, dass die angestrebte Krankenhausprivatisierung den Einwohnern der Stadt vielfältige Nachteile bringen würde; dabei stützen wir uns auf Erfahrungen, die aus schon stattgefundenen Privatisierungen hinreichend vorliegen

Welche Nachteile sehen wir im Einzelnen?

1. Profite für die Kapitalgeber erhöhen den Kostenaufwand im Krankenhaus. Die Folge werden Rationalisierungen mit Stellenabbau und Lohnminderungen für die Mehrheit der Beschäftigten und evtl. Einschränkungen im Leistungsprofil sein. Das kann keiner wollen!

2. Der durch die Stadt zu erzielende Verkaufserlös hat nur einen Einmaleffekt. Ein paar Finanzlöcher könnten gestopft werden, aber die Ursachen der Finanzmisere wären nicht behoben, binnen kurzem müsste die Stadt weiteres Tafelsilber verkaufen.

3. Jahrhundertelange Traditionen der Gemeinnützigkeit und Solidarität würden über Bord geworfen. Kirchen und Gemeindevertretungen Wismars haben es in der Geschichte Wismars stets als ihre christliche Pflicht betrachtet, dem Gemeinwohl zu dienen und Armeinen und Kranken Hilfe angedeihen zu lassen. Krankenhäuser waren nie gewinnorientiert und das sollte so bleiben.

4. Die Privatisierung des Krankenhauses führte zu einer Minderung der demokratischen Bürgerrechte; eine Einflussnahme der Bürger oder der Bürgerschaft auf die Entwicklung des Krankenhauses dürfte kaum mehr möglich sein. Ohne Haben kein Sagen und damit Demokratieabbau!

5. Die Aussage „privat ist effizient" ist irreführend und durch die Praxis vielfach widerlegt Die Effizienz beschränkt sich auf die Anlage- bzw. Kapitalgeber, Versicherte und Patienten sind die Leidtragenden.

Gesundheit ist keine Ware

2004 haben die Hamburger mit 77% gegen die Privatisierung ihrer Krankenanstalten gestimmt und damit ein nachahmenswertes Beispiel für Bürgerengagement geliefert. Wenn Sie unsere Argumente teilen, bekunden Sie Ihren Protest mit einer Postkarte an die Stadtverwaltung oder an die Fraktionen der Bürgerschaft.

Wer nie versucht hat, sich einzumischen, soll nicht behaupten, es ginge nicht. (Daniela Dahn)
Bitte, geben Sie diese Argumentation weiter an Ihre Nachbarn und Bekannten.
Weiter Informationen finden Sie auf unserer Homepage www.attac.de/wismar

<u>Privatisierung – Theater</u>

Bevor über die Finanzierung der Theater diskutiert und nach diesbezüglichen Lösungen gesucht wird, sollte man sich über einige inhaltliche Probleme verständigen: Welchen Rang bzw. welche Stellung nimmt das Theater in unserer Mediengesellschaft ein? Mit welcher Berechtigung? Welche Erwartungen haben wir an Theater heute hier in Deutschland und im neuen Europa? Für wen soll Theater zugänglich sein?

Erst wenn wir für diese (u. a.) offene Fragestellungen zufrieden stellende Antworte finden, kann die finanzielle Problematik angegangen werden. Gehen wir von den Theaterbesucherzahlen aus, dann lässt sich feststellen, dass trotz der überbordenden Angebote in den audiovisuellen Medien eine relativ erfreuliche Nachfrage nach dem Theater besteht, obwohl die Preise für die Vorstellungen nicht gerade günstiger geworden sind. Das heißt: Theater hat trotz der wenig erfreulichen wirtschaftlichen Entwicklung seinen Platz behauptet, und die Qualität seines Angebots wird vom Publikum geschätzt und gewürdigt. Viele Menschen empfinden Freude und Genuss an klassischen und modernen Stücken bzw. beziehen daraus Anregungen für moralische Wertungen. Viele Dichter und Autoren der letzten Jahrhunderte haben uns auch heute noch etwas zu sagen. In einer Gesellschaft, in der Individualismus und Ellenbogenmentalität um sich greift, ist es dringend nötig, humanistisches Gedankengut zu bewahren und weiterzugeben.

Deshalb plädieren wir dafür, dass die guten Traditionen des deutschen Theaters erhalten werden. Theater sollte ein Ort der Kommunikation zwischen Menschen unterschiedlicher sozialer Stellung sein. Der durch seine thematische Vielfalt, sein Plädoyer für das tolerante Miteinander von Menschen verschiedener Nationalität, Religion und Hautfarbe wirkt, in dem auch Gesellschaftskritik einen Platz findet – also auch heute noch immer moralische Anstalt.

Wir wünschen uns, dass die junge, nachwachsende Generation im neuen, großen Europa empfänglich für die Schätze der Kultur und deren Austausch zwischen den Regionen. Achtung und Verständnis für kulturelle Traditionen Anderer können besonders auch durch das Theater gefördert und vertieft werden; sie sind unumgänglich für eine friedvolle menschenwürdige Entwicklung innerhalb und außerhalb der europäischen Gemeinschaft, für Toleranz, Solidarität und Gewaltlosigkeit.

In diesem Kontext ist auch darauf zu verweisen, dass die in der Charta der Grundrechte der EU fixierten Rechte auf Gedankenfreiheit und Freiheit der Meinungsäußerung sowie der Achtung der Vielfalt der Kulturen (Nr. 13 und 22 der Charta) seit jeher im Theater eine besondere Heimstatt fanden. Der öffentlichrechtliche Status des Theaters bietet dafür gute Voraussetzungen und schützt u. E. auch vor populistischer inhaltlicher Verflachung.

Wir sind also dafür, das Theater mit seinem hohen Wert und Rang als integralen Bestandteil der Medien für die Gesellschaft zu erhalten und es entsprechend zu fördern. Privatisierungen halten wir nicht für angezeigt, weil sie dazu führen könnten, Theater vor allem nach betriebswirtschaftlichen Prinzipien zu führen; die Gefahr von Einbußen an Qualität und Anspruch wäre vorprogrammiert, Einkommenseinbußen bei den Theatermitarbeitern sowie Erhöhungen der Eintrittspreise wären zu befürchten – Theater liefe so Gefahr, nur noch Particularinteressen eines exklusiven Publikums zu bedienen.

Nicht Privatisierung, sondern Aufrechterhaltung des öffentlichrechtlichen Status ist nach unserer Auffassung die beste Gewähr für ein gesellschaftlich relevantes Theater. Die Finanzierung einer solchen Herangehensweise an die Befriedigung legitimer kultureller Interessen der Bevölkerung kann nur über eine Steuerpolitik erfolgen, die das Gesamtinteresse der Gesellschaft über bestimmte Gruppeninteressen stellt. Die offensichtlich erforderlichen Zuschüsse von 85 – 90% der Ausgaben wären auch aufzubringen, wenn der Staat sich traute, endlich große Vermögen und Erbschaften für solche Zwecke heranzuziehen und wenn man bereit wäre, überflüssig gewordene Rüstungsabgaben drastisch zu reduzieren. Schon jetzt rätselt man in der Bundeswehr, wozu die gegenwärtig der Truppe zugeführten milliardenteuren Eurofighter nach der neuen Einsatzkonzeption für die Streitkräfte noch gebraucht werden. Wie viel Lohnabbau und „Lohnverzicht" (sprich: Selbstausbeutung!) bei Verzicht auf solche Prestigeobjekte vermieden werden könnten, liegt auf der Hand.

Eintrittspreise müssten so gestaltet werden, dass keine unüberwindlichen Zugangsbarrieren für finanziell Schwache errichtet werden; notfalls wäre das über entsprechende Preisnachlassregelungen zu bewerkstelligen.

Geld ist in Deutschland genug vorhanden. Zwischen dem öffentlichen und dem privaten Besitz besteht eine erhebliche Diskrepanz: in privater Hand befinden sich Geldmittel in Höhe von mehr als 5 Billionen Euro, während die öffentliche Hand 1,5 Billionen Euro Schulden hat. Bei diesen Relationen sollte eine brauchbare Lösung doch zu finden sein; die Politik müsste das nur wollen.

2004

<u>Privatisierung – neuer Trend</u>

Mit dem Niedergang des sog. Sozialistischen Weltsystems Ende des 20. Jahrhunderts erlebte der Kapitalismus mit dem Neoliberalismus einen neuen Auftrieb. Dem Profitstreben wurden neue Möglichkeiten eröffnet. Ronald Reagan und Margaret Thatcher zeigten die Wege auf. Dazu gehörte (und gehört) die Privatisierung lebensnotwendiger Güter der Allgemeinheit (Wasser, Verkehrsmittel, Einrichtungen der Daseinsfürsorge u. a.) wurden Zug um Zug dem hemmungslosen Profitstreben zugänglich gemacht.

Nach anfänglicher Euphorie für das einzelne Objekt und für die Privatisierung in ihrer Gesamtheit zeigte sich in vielen Fällen der Pferdefuß: Stellenabbau, Lohneinbussen, Qualitätseinbussen, Sicherheitsverluste usw. Proteste weltweit waren die Folge. Auf Weltsozialforen und auf andere vielfältige Weise wurden die großen Nachteile der Privatisierung für die Menschen öffentlich gemacht. Noch sind die Privatisierungsaktivitäten nicht abgeklungen, die Protestaktionen sind intensiver geworden und schon gibt es Anzeichen für eine neue Qualität in diesem Prozess. Es entwickelt sich zunehmend der Trend zur Rückgängigmachung (Renationalisierung bzw. Rekommunalisierung) der Privatisierung. Das belegen viele Beispiele aus den Entwicklungsländern aber auch den Industriestaaten in den letzten Jahren:

So wurde die Wasserversorgung bereits in vielen Fällen den Wasser-Multis entzogen bzw. von ihnen selbst aufgegeben. Ausgewählte Beispiele:

- Argentinien (Provinz Tucuman)- Wasserqualität verschlechtert, Preise verdoppelt
- Potsdam – Eurowasser hatte 49,9% übernommen, forderte Preisverdopplung, daraufhin Rekommunalisierung
- Frankreich/ Grenoble- Preiserhöhung führte zur Rekommunalisierung
- Schweden- Verzicht auf Privatisierung auf Grund der negativen Erfahrungen anderer
- Bolivien/ Provinzhauptstadt Cochobamba- Wasser-Multi Aquas de Tunar forderte Preiserhöhung um 200%, Folge: „Krieg ums Wasser", Ergebnis: Privatisierung wird rückgängig gemacht
- Nikaragua folgt Bolivien
- Ein groteskes Beispiel von Privatisierung der Wasserversorgung wird aus Indien berichtet. Im Bundesstaat Karnataka wurde ein ganzer Fluss privatisiert. Polizeikräfte mit Motorrädern patrouillierten auf der ganzen Flußlänge. Proteste und landesweite Aufklärungskampagne bewirkten, dass die Privatisierung rückgängig gemacht wurde

- Afrikanische Länder folgten dem Trend. Mali verstaatlichte seine Wasserversorgung. Burkina Faso beabsichtigt das Gleiche.
- Weitere Ankündigungen zur Renationalisierung von Wasser gibt es z.B. aus Maputo (Mocambique) und Manila (Philippinen)

Auch aus anderen Bereichen sind Beispiele zu nennen:

- England macht die Bahrprivatisierung rückgängig (unter der Regierung von Tony Blair!)
- Japan renationalisiert große Banken
- Peru: Massenproteste verhindern den Verkauf des staatlichen Stromerzeugers Egessa an das belgische unternehmen Tractebel
- Italien ist dabei, mehrere wichtige Objekte der Privatisierung zu entziehen
- Venezuela hat sein Erdöl unter stattliche Verfügungsgewalt gebracht

All diese Beispiel, die dem Internet und der presse entnommen wurden und die mit Sicherheit nur einen Abschnitt aus dem Gesamtprozess abbilden, zeigen, dass, die ursprünglichen Befürchtungen der Kritiker der Privatisierung über die nachteiligen Folgeerscheinungen sich immer mehr bestätigen. Vor allem wächst auch die Erkenntnis, dass Privatisierung unmittelbar auch Demokratieabbau bedeutet. Staaten und Kommunen wird der Einfluss auf das Geschehen in der Wirtschaft und der zivilen, sozialen Versorgung der Menschen entzogen. Dieser Aspekt der Problematik wird in der Diskussion um die Privatisierung viel zu wenig beachtet und gewürdigt. In diesem Zusammenhang ist darauf hinzuweisen, dass Verstaatlichung noch keine Vergesellschaftung ergibt, d.h. der unmittelbare demokratische Einfluss der Bürger bedarf noch der weiteren Gestaltung. Schließlich sei vermerkt, dass m.E. die Beispiele keine „Einzelfälle" darstellen, sie unterliegen vielmehr einem systembedingten „Sachzwang". Unsere Bürger und vor allem auch die Politiker aller Ebenen sollten diese hier aufgezeigte Entwicklung zum Nachdenken über ihre künftige Haltung veranlassen.

März 2006

GATS - freie Zone

GATS ist eine Erscheinung im Prozess der Globalisierung. Die Abkürzung steht für General Agreement on Trade in Services – deutsch: „Allgemeine Übereinkunft über den Handel mit Dienstleistungen".

Initiator von GATS ist die WTO (World Trade Organisation), im deutschen Sprachgebrauch WHO (Welt- Handels- Organisation)

Mit dem GATS wurde 1995 das erste Abkommen für die weltweite Liberalisierung der Dienstleistungsmärkte in das Vertragswerk der WTO aufgenommen.

Die ca. 140 Mitglieder der WTO (Staaten) sind zugleich Teilnehmer am GATS. Für das Stimmrecht gilt: Jedes Mitglied hat eine Stimme; anders ist es beim IWF (Internationaler Währungsfonds) und Weltbank. Der Stimmenanteil richtet sich hier nach der Höhe der finanziellen Beteiligung, womit von vornherein eine Hegemonie der reichsten Industriestaaten (G8) gesichert ist.

Bevor wir uns der GATS -Problematik zuwenden, gilt es zunächst Inhalt bzw. Gegenstand des Begriffs „Dienstleistungen" zu beschreiben und gegenüber der Kategorie „Güter" abzugrenzen. Die Klassifikation von Gütern ist in der Produktionsklassifikation der UNO beschrieben. Die Klassifikation von Dienstleistungen (im weiteren DL) ist im GATS - Abkommen fixiert. Das Leistungsspektrum erstreckt sich über ca. 150 Abschnitte, die in 12 Bereiche gegliedert sind. Nachstehend eine Kurzfassung:

1.Unternehmerische und berufsbezogene Dienstleistungen , z.B. Ärzte, Steuerberater, Architekten, Rechtsanwälte usw.

2. Kommunikationsleistungen, z.B. Post, Telekommunikation…

3. Bau- und Montageleistungen

4. Vertriebsdienstleistungen wie Großhandel, Einzelhandel…

5. Bildungsdienstleistungen wie z.B. Kindergärten, Schulen, Erwachsenenbildung

6. Umwelt - DL: Abwasser, Müllabfuhr, Hygieneaufsicht u.a.

7. Finanzdienstleistungen wie Versicherungen, Banken

8. Medizinische DL: Krankenhäuser, Reha - Kliniken, Altenpflege…

9. Tourismus/ Reise DL wie Hotels, Restaurants, Reisebüros…

10. Erholung, Kultur, Sport, z.B. Theater, Museen, Bibliotheken

11. Transportleistungen: Schifffahrt, Luftverkehr, Schienenverkehr

12. Sonstige DL (?)

Das rechte Verständnis für die mit dem GATS zusammenhängenden Probleme ergibt sich, wenn wir GATS als Ausdruck einer Entwicklungsetappe des modernen Kapitalismus betrachten. Dazu ist es sinnvoll, sich der Größenordnung des Handels mit DL zu vergewissern. Kommerzieller Handel mit DL gilt als einer der dynamischsten Wachstumsbereiche der Weltwirtschaft.

Dazu einige Zahlen :

1999 betrug der Handel mit DL nach WTO- Angaben 1.340 Mrd. US - $, das entspricht 1/5 des Gesamtwelthandels. Davon entfallen ¾ auf die Industrieländerund ¼ auf die Entwicklungsländer. Der Anteil der DL ist weiter im wachsen!

Historisch gesehen lassen sich mehrere Felder der ökonomischen Entwicklung unterscheiden, die sich z.T. zeitlich nacheinander, aber auch sich überlagernd bzw. parallel verlaufend vollzogen. Gemeinsam ist ihnen das dem Kapitalismus eigene Prinzip bzw. Bestreben, alle Bereiche der Wirtschaft für Kapitalakkumulation und Kapitalverwertung (Börsennotierung, Shareholder Value - System) zu erschließen. Zuerst war das der Handel mit Gütern (Landwirtschaft, Rohstoffe, Industrieerzeugnisse). Ein weiterer Bereich war bzw. ist der Handel mit Finanztiteln, der besonders zu Finanzblasen in mehr oder weniger schneller Aufeinanderfolge.

Schließlich ist als letzte Phase der Handel mit DL zu nennen, der bisher entsprechend seiner Entstehungsweise im nationalstaatlichen Rahmen und in staatlicher Aufgabenstellung von der Liberalisierung verschont geblieben war. Das betrifft solche Institutionen wie das Postwesen, den Bahnverkehr, Bildung, Umwelt, Gesundheitswesen, Kultur u.a.m.

Darunter sind neuerdings auch die DL der öffentlichen Daseinsvorsorge als ein besonderer Problemfall zu nennen, mit denen nun auch die letzten Bereiche menschlichen Lebens und Wirtschaftens der Kapitallogik unterworfen werden.

Damit sind wir wieder bei unserem Thema im engeren Sinne, beim GATS.

Von den Protagonisten des GATS werden folgende Grundgedanken vertreten:
- Der Welthandel fördert den Wohlstand aller daran beteiligten Volkswirtschaften;
- Als Ideal wird der Freihandelverkündet, d.h. der Austausch nach dem Prinzip der Chancengleichheit, ohne Hindernisse wie Zölle, Subventionen oder ähnlich wirkende Maßnahmen. Diese Sichtweise findet auch Anwendung auf den Handel mit Dienstleistungen.

Die praktischen Erfahrungen bestätigen diese höheren Zielsetzungen jedoch in keiner Weise, im Gegenteil:

- Chancengleichheit ist keineswegs gegeben

- eindeutig dominieren die ökonomisch überlegenen Industriestaaten den Welthandel

  (in denen die o. g. Theorien „erfunden" wurden – England, USA)

Die ökonomische Macht der Industriestaaten hat mehrere über Jahrhunderte gewachsene Komponenten:

- finanzielle Potenz;

- technologische Kompetenz auf der Grundlage eines starken Bildungs- und Erfahrungs-Potentials;

- politische und militärische Vormachtstellungen (meist handelt es sich um ehemalige

  Kolonialmächte).

Diese Überlegenheit zeigt sich im Handel darin, dass unter den Industrieländern die hauptsächlichen Exportländer sind. Der Export überwiegt bedeutend die Importe wie z.B. in Japan, Deutschland!), USA   u. a.. Entsprechend verhalten sich die Gewinne! Daraus ist ersichtlich, dass die Freihandelsidee eindeutig die Industrieländer bevorteilt. Ungebremster Freihandel führt unter diesen Verhältnissen der Ungleichheit (Nord- Südkonflikt) zur Hemmung bzw. Behinderung der wirtschaftlichen Entwicklung der unterentwickelten Regionen der Welt. Die überlegene Konkurrenz bestimmt das Geschehen. Deshalb wächst der Widerstand gegen die Auswirkungen einer unregulierten Praktizierung der Freihandelsideen. Das zeigte sich z.B. kürzlich bei der Tagung der WTO im mexikanischen Cancun, bei der die Entwicklungsländer die landwirtschaftliche Subventionspolitik der Industriestaaten anprangerten, die der Chancengleichheit im Handel mit Landwirtschaftserzeugnissen entgegensteht. Hinhaltenden Widerstand gibt es durch die südamerikanischen Länder gegen die von den USA geplante gesamtamerikanische Freihandelszone.

Unter den Bedingungen der geschilderten Verhältnisse vollzieht sich nun der Prozess der globalen Realisierung von GATS. Dieser Prozess wird durch die unterschiedlichen, konträren Interessen und Positionen zwischen den Industriestaaten und Entwicklungsländern beeinflusst. Daraus erklären sich Ausnahmeregelungen und Spielräume für protektionistische und andere Maßnahmen, die wirtschaftliche Nachteile vermeiden sollen; theoretisch erlaubt

GATS den Mitgliedern, ihren Markt nur in den Sektoren zu öffnen, in denen sie es für opportun halten, praktisch wird das aber durch „Kompensationsgeschäfte" (Marktöffnung gegen Finanzspritzen oder dergl.) unterlaufen.

Im GATS -Vertrag sind die „Spielregeln" für die Teilnehmer fixiert. Der Vertrag enthält prinzipielle Forderungen (allgemeine Verpflichtungen) und spezifische Vereinbarungen (Länderlisten).

Die allgemeinen Verpflichtungen enthalten Festlegungen z.B. zu folgenden Fragen:

- das Meistbegünstigungsprinzip; es besagt: wird einem Land Meistbegünstigung

   (z.B. Erlass von Zöllen) gewährt, dann muss es das auch den anderen WTO-Ländern

   Zusagen ;

- weiter gelten das Inländerprinzip und der Marktzugangsgrundsatz. Beide Prinzipien verlangen, dass ausländische Anbieter von Dienstleistungen weder rechtlich noch tatsächlich schlechter behandelt werden dürfen, als inländische Anbieter;

- gefordert wird weiter Transparenz d.h. die Pflicht zur Veröffentlichung aller Maßnahmen, die den DL Handel betreffen;

- für die Beherrschung besonderer Notsituationen (Katastrophen, Epidemien…) sind Ausnahmeregelungen vorgesehen;

- Festlegungen zu Streitschlichtungsverfahren.

Neben diesen hier nur an Beispielen dargestellten allgemeinen Forderungen gibt es die sog. sektorspezifischen Verpflichtungen bzw. Zugeständnisse, auch als Länderlisten bezeichnet.

Die Länder bestimmen selbst über die Angebote in diesen Länderlisten von welchen Sektoren welche Leistungen der gegenseitigen Marktöffnung und Gleichbehandlung unterworfen werden sollen. Nur diese werden dann praktisch wirksam

Zu verzeichnen ist, dass die Industriestaaten in der Mehrzahl der Sektoren Abschlüsse getätigt haben (relative Chancengleichheit!).

Bei den Entwicklungsländern ist mehr Zurückhaltung wahrzunehmen.

Was zählt, sind also die von den Mitgliedsstaaten in die Länderlisten eingetragenen Dienstleistungen zur Öffnung!

Entsprechend Artikel XIX des GATS -Vertrages- Fortschreitende Liberalisierung- sollen die Mitglieder nach spätestens 5 Jahren eine neue Verhandlungsrunde starten, um „schrittweise einen höheren Stand der Liberalisierung" zu erreichen.

Etappen in diesem Sinne waren die WTO-Ministerkonferenz 2001 in Katar und 2003 in Cancun (ohne Ergebnis). Sowie die generellen Züge der bisherigen GATS -Vorhaben. Das Anliegen von Attac zu „GATS freien Zonen" erfordert eine Eingrenzung Problematik auf die

Dienstleistungen der sog. Daseinsfürsorge. Es handelt sich dabei um Dienstleistungen, die bisher vornehmlich durch die Kommunen und die Länder wahrgenommen wurden und besonders der Allgemeinheit dienten bzw. auch durch Gemeinnützigkeit und solidarische Lösungen gekennzeichnet sind.

Dazu gehören:

Sektor 5 : Bildungsdienstleistungen

Sektor 8 :   Medizinische und soziale DL

Und eine Reihe von Grenzfällen bzw. Teilleistungen wie Wasserversorgung, Sparkassen, Theater, Museen, Bibliotheken…

Artikel XIV des GATS-Vertrages räumt dazu einige allgemeine Ausnahmen von Liberalisierungsverpflichtungen ein z.B. Maßnehmen zur Aufrechterhaltung der öffentlichen Ordnung, Schutz des Lebens und der Gesundheit u.a.

Andere Fragen bleiben offen, z.B. Arbeits- und Sozialstandards. Die EU hat zu dieser Problematik auf Grund von Befürchtungen, dass Versorgungssicherheit und Qualität von DL der Daseinsfürsorge beeinträchtigt werden könnten, im Artikel 16 des EU-Vertrags eine besondere Regelung erlassen. Als Kategorie wird eingeführt: „Leistungen der Daseinsvorsorge" als „marktbezogene oder nicht marktbezogenen Tätigkeiten", die mit Gemeinwohlverpflichtungen verbunden sind. Es werden dazu keine Vorgaben über die Unternehmensformen gefordert – privat oder öffentlich-rechtliche sind möglich. In jedem Falle müssen die Gemeinwohlverpflichtungen gewährleistet sein, d.h. auch, dass privaten Unternehmen Auflagen zur Erfüllung dieser Verpflichtungen erteilt werden können, bzw. heißt das, dass der Versorgungsauftrag durch Hoheitsakt legitimiert wird. Letztendlich bedeutet das, dass Dienstleistungen der Daseinsvorsorge mit Gemeinwohlcharakter der Entscheidung der Kommunen bzw. Länder überlassen sind (siehe Sparkasse Stralsund-Bürgerentscheid!).

Im Februar 2003 erklärte der EU-Handelskommissar Pascal Lany: „Bei Gesundheit, Bildung und audiovisuellen Medien werden wir nichts preisgeben."

Das ist aber auch die einzige Aussage, zu den derzeit laufenden Verhandlungen zur Überarbeitung der Bestimmungen. Ansonsten heißt es: „Geheime Verschlusssache!"

Trotzdem ist durchgesickert, dass die EU die Privatisierung großer Krankenhaus- und Altenpflegeunternehmen vorläufig verhindern will (vergl. .Aber „OZ" Febr. 2004: „Gesundheit als Wirtschaftszweig" sowie die Privatisierung des Klinikums in Schwerin)
Ähnlich ist die Situation im Bildungswesen. Theorie und Praxis klaffen weit auseinander!
Ein spezielles Problem sind auch die sog. „Kulturdienstleistungen". Diametral gegensätzliche Standpunkte werden dazu vertreten:

- Kultur ist eine Ware
- Kultur muss sich dem Markt stellen   und andere.

Die bundesdeutsche Wirklichkeit wird z.Zt. jedoch noch weitgehend durch die öffentliche Kulturförderung bestimmt (vgl. dazu die Diskussion um das „Zauberwort Theater-GmbH" in der OZ)
Die Brüsseler Angebotsliste vom 1. Quartal 2003 enthält die Forderung nach Öffnung von Stadtwerken. Im Bereich der Umweltdienstleistungen, z.B. der Müllentsorgung, woraus sich natürlich die Frage ergibt: Was wird mit den Umweltauflagen?
Der Bestand der Dienstleistungen der Daseinsfürsorge war bisher weitgehend durch gesetzliche Regelungen von Bund, Ländern und Kommunen gesichert, z.B. durch das Sparkassengesetz. Der öffentlich-rechtliche Status war und ist vorherrschend. Der Zugang zum freien Markt kann nur über die Privatisierung der Institutionen erreicht werden, d.h. Kappung der gesetzlichen Regelungen. Dabei müssen sich die Beteiligten eines grundsätzlichen Widerspruchs bewusst sein. Einerseits gelten Allgemeinwohl und Gemeinnützigkeit, andererseits gilt Profitmaximierung.
Zu bedenken sind immer auch mögliche Folgen der Privatisierung, wie sie bereits aus anderen Bereichen der Dienstleistungen zur Genüge bekannt sind. Dazu zählen:
- Effizienz kontra soziale Lebensbedingungen
- Einmaligkeit von Kapitalgewinnen durch Veräußerung gegenüber einer Dauernutzung im Interesse der Allgemeinheit. Dabei ist zu beachten, dass der einmalige Kapitalgewinn nicht die prinzipiellen Ursachen des Haushaltsdefizits beseitigt!
- Einschränkung bzw. Aufgabe des Prinzips des Leistungsvergleichs durch extreme betriebswirtschaftliche Regie (Beispiele : Busverkehr-Einstellung wenig genutzter Routen, Post- Schließung von 800 Filialen)
- Arbeitsplatzabbau durch Privatisierung – mehr Arbeitslose erfordern wiederum höhere finanzielle Belastungen der öffentlichen Haushalte

- Lohnminderungen – vergl. Kitas in Wismar : 20%
- Preiserhöhungen – besonders sozial Schwache sind davon betroffen
- Missachtung gegenüber Umweltbelangen u.a.m.

Als konkreter Fall sei das Beispiel der Privatisierungsabsicht der Sparkasse Stralsund betrachtet. Vorweg ist anzumerken, dass dieses Vorhaben durch die Initiativen der Bürger Stralsunds und durch gesetzgeberische Aktivitäten der Landesregierung MV zu Fall gebracht wurde. Damit wurde der erste Versuch vereitelt, das dreigliedrige System der Geldinstitute der BRD – Sparkassen; Genossenschafts-, Volks- und Raiffeisenbanken; Privatbanken – aufzubrechen. Sollte erreicht werden, dass beträchtliche Marktanteile (Spargelder) der finanziellen Potenz der Großbanken zugeschlagen werden, würden damit die globalen Finanztransaktionen weiter ausgebaut werden.

Mit der Privatisierung von Sparkassen würden sich folgende Nachteile für die Bürger bzw. für die Gesellschaft ergeben:

- der öffentlich-rechtliche Status mit seiner gesetzlichen Verankerung und spezifischer Aufgabenstellung, nämlich der Wahrnehmung der Kreditgewährung für den Mittelstand und die Verwaltung der Sparanlagen der finanziell schwächeren Schichten würde verloren gehen;

- die Gemeinnützigkeit, wie sie bereits in der Aufgabenstellung zum Ausdruck kommt, aber auch das besondere Anliegen der Kulturförderung und weiterer Sponsorenaktivitäten könnten nicht mehr realisiert werden;

- die höhere Sicherheit der Sparanlagen infolge der Bindung der Sparkassen an das Land bzw. die Kommunen mit deren Gewährträgerschaft und Anstaltslast würde gegen ein höheres Risiko eingetauscht;

- für die Sparkassen als Arbeitgeber (in der BRD ca. 350 000 Beschäftigte) dürften sich Arbeitsplatzabbauprobleme ergeben;

- mit Gebührenerhöhungen dürfte zu rechnen sein;

- in Randbezirken droht die Schließung von Filialen.

Es ist offensichtlich, dass die Nachteile der Privatisierung gegenüber dem einmaligen Vorteil einer Finanzspritze angeblich 50 Mill. Euro zur Sanierung öffentlicher Gebäude weit überwiegen und damit nicht akzeptabel sind.

In dieser Art und Weise wären weitere Projekte von Fall zu Fall zu analysieren und zu publizieren, damit sich alle Bürger ein Bild machen können, was auf sie zukommt.

Nachzutragen ist dazu noch, dass die EU-Wettbewerbskommission festgelegt hat, dass ab 2005 die staatlichen Garantien – Gewährträgerhaftung und Anstaltslast – wegfallen sollen. Danach können die Sparkassen als „ private" Anstalten im Eigentum der Kommunen verbleiben oder sie werden privatisiert, d.h. auch, dass eine Beschlussfassung für eine GATS - freie Zone möglich ist!

Bleibt noch zu sondieren, was zu tun ist, um die Bürger vor Schäden durch Privatisierungen zu schützen:

Als erstes erscheint es wichtig, die Bürger über die Privatisierungsproblematik eingehend zu informieren, evtl. über entsprechende Presseveröffentlichungen oder Ausstellungen zu dieser Problematik,

- die Parlamente der Stadt und des Landes sollten die Bundesregierung zu mehr Transparenz über die GATS -Verhandlungen auffordern;
- Propagierung und Realisierung von Beschlussfassungen zur Erklärung zur „GATS- freien Zone", unter umständen mittels Unterschriftensammlungen, Bürgerbegehren und auch Bindung von Entscheidungen zur Privatisierung an Bürgerbegehren;
- Muster der Erklärung zur „GATS -freien Zone" sollten den Fraktionen der Bürgerschaft Übergeben werden.

Schließlich sollen noch zwei Beispiele von Aktivitäten von Kommunen erwähnt werden:

- In Elmshorn bei Hamburg fand ein Bürgerentscheid wegen der geplanten Privatisierung der Stadtwerke statt. 84 % der Bürger (bei 25% Wahlbeteiligung) votieren für deren Erhalt als kommunaler Eigenbetrieb und gegen die Umwandlung in eine AG. Das Stadtverordnetenkollegium hatte den Verkauf der Stadtwerke (für 60 000 Verbraucher) beschlossen.

„Als Kommune bekennen wir uns zu den Zielen und Forderungen von Attac und versuchen, unsere politischen Spielräume im Sinne dieser Ziele und Forderungen zu nutzen"
Diese Erklärungen und Beschlüsse folgten dem Vorbild von u. a. 6o französischen Kommunen, die sich bisher zu GATS freien Zonen erklärt haben, ebenso wie eine große Anzahl von Städten und Gemeinden in Italien, Österreich, England u. a. m.

Gesundheitsreform

Noch ist die Diskussion um die Gesundheitsreform nicht zu Ende. Viele Randprobleme werden erörtert. Aber ein Kernproblem wird wie von der Katze um den heißen Brei umgangen: die Solidarität. Die Gesundheitsministerin Ulla Schmidt spricht im Bundestag drüber, wie solidarisch „ihre Reform" ist. In Wirklichkeit ist diese Reform von Solidarität weit entfernt. Der frühere Präsident der Berliner Ärztekammer Ellis Huber beschreibt eine echt solidarische Krankenversicherung so: „Eine Pflichtversicherung für alle ohne Ausnahme. Und alle zahlen einen einheitlichen prozentualen Beitrag. Beitragspflichtig sind alle Einkommensarten. Ein einfaches Konzept und gerecht. Aber was sieht die geplante „Reform" vor? Ein springender Punkt, der diese Hubersche Version nicht erfüllt und der in der Diskussion in der Öffentlichkeit kaum zur Sprache kommt, ist die Privilegierung der Privatversicherten und all der vielen, deren Einkommen über der so genannten Beitragsbemessungsgrenze von 3650 Euro (monatlich) liegt. Diese Bürger zahlen lediglich ihre 14 Prozent von 3650 Euro ein. Beispiel: ein Bundestagsabgeordneter mit 7000 Euro Monatseinkommen kommt auf diese Weise zu einem Beitrag von 510 Euro (14% von 3650 Euro) anstatt 980 Euro (14,9% von 7000 Euro),das heißt, er wird so nur mit sieben Prozent belastet. Würde man alle Bundesbürger in das E. Huber beschriebene System einbeziehen, könnten die Pflichtbeiträge für alle mit neun Prozent angesetzt werden. Damit wäre es möglich, alle erforderlichen Leistungen zu finanzieren. Außer der gravierenden Einschränkungen der Solidarität durch die Beitragsbemessungsgrenze sind als weitere Faktoren diesbezüglich zu nennen! Die so genannte „Rest-Kopfpauschale" von acht Prozent, die Praxisgebühr und die Zuzahlungen für Medikamente usw. Diese Beiträge werden unabhängig von der Einkommenshöhe erhoben und treffen natürlich die Kranken und finanziell Schwachen in stärkerem Maße als die finanziell besser gestellten. Diese Zusammenhänge sollte man wissen, um sich eine fundierte Meinung bilden zu können. Mehr wirkliche Solidarität wäre der Reform zu wünschen.

Demokratiedefizite

Zuschauerdemokratie – oder was ?

Die Wahlbeteiligung von 36,5% bei den Wahlen in Sachsen-Anhalt am 26. April 07 veranlasste den stellv. Bundestagspräsidenten Thierse zu dieser Demokratie Charakterisierung – „Zuschauerdemokratie". Sinngemäß sagt er, die Menschen meinten nicht mehr mittun zu müssen .Andere Politiker reagierten „verstört bis verärgert" auf das Ergebnis, das als das niedrigste bei Kommunalwahlen in der Geschichte der Bundesrepublik ausgemacht wurde. Beklagt wird auch eine Scheu der Bürger vor der Übernahme von Mitverantwortung für das politische Geschehen. Die „Zuschauer" selbst haben sich dazu nicht geäußert, oder? Konnten sie? Sie wurden auch nicht gefragt – wie sonst auch, Summa summarum laufen die Äußerungen der Politiker darauf hinaus, die Schuld an diesem traurigen Ergebnis den Bürgern anzulasten. Wie so oft in der Politik bleibt die „Analyse" des Problems an der Oberfläche. Was ist das für eine Demokratie, wenn von 36,5 % ca. die Hälfte für die Regierungsparteien (CDU 33,6 %, SPD 20,2 %) stimmen. Also auf nicht einmal 20 % der Bürger stützen sich diese Regionalpolitiker! Wie weit kann sich dieser Prozentsatz verringern, um dabei doch noch den Anspruch auf die Bezeichnung Demokratie zu erheben? Offensichtlich gibt es ein ernstes Problem, eine „mittlere Katastrophe". Weitergedacht läuft das auf eine schleichende Entdemokratisierung hinaus. Die Bürger müssten motiviert werden, sich wieder in viel stärkerem Maße an den Wahlen zu beteiligen. Um das zu erreichen muss erst einmal erkundet werden, warum so viele der Wahl ferngeblieben sind. Mit Schuldzuweisung an die Bürger ist noch zu wenig erklärt Also, wo sind die Ursachen? Mit einer Analyse der gesellschaftlichen Verhältnisse dürften wir der Lösung des Problems näher kommen. Nicht Faulheit, sondern Politikverdrossenheit, Resignation und weit verbreitete Unzufriedenheit sind zu nennen. Und diese Mentalität hat wiederum ihre Gründe. Als da sind: Die Verschlechterung der sozialen Lage vieler Bürger trotz „boomender Wirtschaft" ist es vor allem, was sie in diese Abseitsposition drängt. Niedriglohnsektor, Zeitarbeitsjobs, Mehrarbeit bei Lohnminderung (Telekom) bewirken Schicksale, die direkt Frustration erzeugen. Andererseits sind es auch politische Gegebenheiten, die Wahlabstinenz fördern. So ist das Mitspracherecht der Bürger im politischen Leben begrenzt. Referenden auf Bundesebene gibt es nicht, auf Landesebene und in den Kommunen haben sie Seltenheitswert. Wie oft ist zu hören „ Wir können doch nichts ändern" – Die Information der Bürger lässt zu wünschen übrig. Politische Entscheidungen werden am Bürger vorbei getroffen (EU-Verfassung, Privatisierungen u.a.) –

Vorschläge zur Lösung politischer Fragen aus der Zivilgesellschaft werden nicht genügend gewürdigt: Tabus gegenüber solchen Vorschlägen werden aufrechterhalten (z.B. Vermögenssteuer, Erbschaftssteuer, Sozialabgaben der Unternehmen nach ihrer Wertschöpfung anstatt der Anzahl der Arbeitsplätze usw.)

Weitere Probleme spielen eine Rolle:

Gewalt im Alltag, zunehmende Beschwerden über Behörden (OZ vom 27.4.07 über MV), Versprechungen vor der Wahl waren danach oft nicht mehr aktuell. Bei all diesen Defiziten ist zu beachten, dass Entscheidungen auf Bundes- bzw. Landesebene sich vielfach auf die Kommunen auswirken und damit auch die Kommunalwahlen beeinflussen.

Fazit: Es gibt genug Ansatzpunkte dafür, wie sich die Politik ändern sollte, ein Aufgabenpaket für die Politiker. Aber auch die Bürger in und mit der Zivilgesellschaft sollten aktiv diesen Prozess fördern, ihre Kritik deutlicher artikulieren und die gegebenen Möglichkeiten der Mitarbeit besser in Anspruch nehmen.

Bleibt die Frage: Wie wird sich diese Problematik in anderen Bundesländern darstellen, z.B. Mecklenburg-Vorpommern?

Mai 2007

<u>Parlamentarischer Alltag?</u>

In der Landtagssitzung des Landes Mecklenburg – Vorpommern am Mittwoch, dem 11.07.07, wurde laut Regionalsendung des NDR (19.30 – 20.00) ein Antrag der Fraktion „Die Linke" eingebracht, der die Einführung eines Mindestlohns in MV zum Gegenstand hatte. Wie der NDR weiter darüber berichtete, wurde dieser Antrag mit den Stimmen der Volksvertreter von CDU, SPD und FDP abgelehnt. Bekanntermaßen regiert in MV eine Koalition von CDU und SPD. Außer der Information im NDR war in der Öffentlichkeit meines Wissens kein Kommentar zu diesem normalen Vorgang zu vernehmen. Vielleicht war diese mangelnde Transparenz darauf zurückzuführen, dass dieser Vorschlag unter parlamentarischer Normalgepflogenheit abgehakt wurde; vielleicht gab es auch Befürchtungen, dass „Die Linke" damit Punkte in der Bevölkerung sammeln könnte?

Was zeigt dieser Vorfall? Das Thema Mindestlohn ist ein brisantes Projekt zumal dafür unter den Bürgern auch ein reges Interesse vorhanden sein dürfte. Es geht schließlich um ein dringendes soziales Anliegen. Die Existenz vieler Bürger in Deutschland und natürlich auch in MV bewegt sich an der Armutsgrenze; working poor ist kein Einzelfall. Umso betrüblicher erscheint die Entscheidung der Landtagsmehrheit. Das auch deshalb, weil in der Mehrzahl der EU – Länder bereits ein Mindestlohn existiert wie z.B. in Großbritannien, Frankreich, Luxemburg usw. Und wie es aussieht gibt es dabei keine besonderen Probleme. Die SPD konnte in dieser Situation nicht über ihren Schatten springen, denn auf Bundesebene hatte Franz Müntefehring sich schon seit längerem für einen generellen Mindestlohn in der BRD stark gemacht. Dieses widersprüchliche Verhalten der SPD im Bund und in MV deutet darauf hin, dass die Machterhaltung der Koalition höher bewertet wird als das Eintreten für ein besonderes soziales Anliegen. Koalitionserhalt vor sozialer Gerechtigkeit! Parteipolitik vor Sachpolitik! Würde heute ein Referendum zu dieser Problematik in MV stattfinden, würde sich vermutlich doch eine Mehrheit der Bürgerinnen und Bürger für den Mindestlohn aussprechen. Diese Situation der Entscheidungsnotwendigkeit zeigt eine Schwachstelle der Demokratie wie sie hier speziell durch die Konstellation der Koalition hervorgerufen wird. Es handelt sich dabei auch nicht um einen Einzelfall, sondern um eine strukturbedingte Problematik. Koalition erhalten, Koalition aufgeben, wo ist die Grenze der Kompromissfähigkeit? Ein wichtiger Aspekt ist sicherlich die gesellschaftliche Bedeutung des diskutierten Gegenstandes. In „unserem" Falle wäre hier die enorme soziale Bedeutung des Mindestlohns zu berücksichtigen. Mehr Nutzung der Möglichkeiten der direkten Demokratie (Bürgerbefragung, Bürgerentscheid) könnte ein Ausweg sein.

Danksagung

Für Anregungen zu verschiedenen Themen danke ich Mitgliedern der Attac - Gruppe Wismar. Besonderer Dank gilt meiner Ehefrau Rosemarie für ihre Geduld und Unterstützung. Für die bereitwillige Unterstützung bei der Vorbereitung der Veröffentlichung und bei deren Gestaltung bedanke ich mich herzlich bei meiner Tochter Barbara Hoppe und bei meinen Enkeln Mathias und Christian Hoppe sowie bei Sylvia Walter. Weiter gilt mein Dank Jule Axmann von der Attac Zentrale in Frankfurt/M. für ihr Interesse an dem Manuskript und für ihre Anregungen.

Heinz Gliemann

Der Autor

Heinz Gliemann wurde am11.Februar 1921 in Mittweida / Sa. geboren. Nach dem Abitur 1939 waren die nächsten „Stationen" seines Lebens: Arbeitsdienst, Kriegsteilnahme im Osten und Gefangenschaft. Danach wurde er Bürger von Wismar. Baupraxis und Studium des Bauingenieurwesens an der TU Dresden waren die Grundlage für die berufliche Entwicklung und Tätigkeiten im Berufsschul-, Fachschul- und Hochschulwesen. Nahezu 20 Jahre war er bis zur Rente an der Hochschule in Wismar als Forschungsdirektor tätig. Immer galt sein besonderes Interesse der politischen Entwicklung und der Literatur. Seine diesbezüglichen Erkenntnisse veranlassten ihn zur Mitwirkung an Attac- Aktivitäten. Daraus resultierten kritische Beiträge, insbesondere zu den neoliberalen gesellschaftlichen und ökonomischen Prozessen, wie sie in der vorliegenden Publikation ihren Niederschlag gefunden haben.